Etcetera...

Oito Anos Blogger

Filipe de Freitas Leal

Etcetera...

Oito Anos Blogger

3.ª Edição

2015

Título: Etcetera – Oito anos blogger
Copyright © **2015**, Filipe de Freitas Leal

Edição:
Create Space

Revisão, paginação e capa:
Filipe de Freitas Leal

Impressão e distribuição:
Amazon.com

1ª Edição – 2015
2ª Edição – 2016
3ª Edição – 2017 (atualizada)

ISBN-13: 978-1515086680
ISBN-10: 1515086682
BISAC: Referência / Geral

COLEÇÃO de LIVROS

Etcetera
O BLOG HUMANISTA ● ● ●

Dedicatória

Aos meus pais e aos meus filhos, Bruno, João e Bia pelo incentivo da criação e manutenção do blog humanista, também a todos os caros leitores a quem o blog se destina, pelas mensagens de apoio que enviam desde o principio.

Índice

Parte IV – Textos de Inquietação

Parte V – Pessoas

Parte VI – Etcetera

Introdução

Os capítulos que compõem este livro, foram inicialmente escritos como artigos no Etcetera – o Blog Humanista, que fora criado em junho de 2007, e disponível ao público desde 12 de julho daquele mesmo ano.

Inicialmente o nome do blog era Critica e Humanismos, tendo parado por algum tempo, e retornara em outubro de 2009, como "*O Blog Humanista*" definido como um espaço na internet e na blogosfera, que se dedica ao debate de ideias e à defesa de causas.

Mais recentemente o blog alterou por votação o seu nome, tendo sido escolhido o novo nome de **Etcetera**, mas mantendo como subtítulo o Blog Humanista, de forma a não romper com o objetivo inicial e o ideal que lhe é subjacente.

Os artigos do blog transpostos para este livro, foram ordenados por temas, não obedecendo à ordem cronológica, procurou-se sim, colocar artigos que corroborem a abrangência do ideal humanista, por temas e artigos, que julgo serem de alguma forma pertinentes com os valores intrínsecos defendidos e debatidos pelo novo humanismo.

Este é o terceiro livro da coleção *Etcetera*, bem poderia ter sido o primeiro, não obstante, quando o decidi escrever já os outros dois tinham ido ao prelo, foi durante o tempo que me dediquei a escrever poesia e a edita-la no blog que surgiu a pergunta, porque não editar um livro com estes poemas? E lá me decidi assim a editar em livro a coletânea de poemas que deram origem ao **Páginas soltas ao vento**, mais tarde depois de editar recentemente o anterior livro **A Reinserção social de cariz humanista**, tive a ideia de fazer uma coleção de livros a partir dos artigos do blog, nesse sentido, surge este livro, o terceiro de uma série e um projeto que ganha corpo com a *Coleção de Livros Etcetera*.

Espero, que os caros leitores apreciem o livro em formato papel, dos principais e mais lidos artigos do blog.

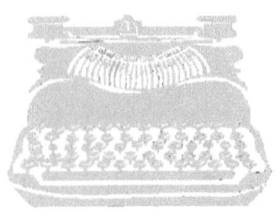

Parte I

Primeiros Artigos

1
ABSURDOS E INCONGRUÊNCIAS

O blog, pretende ser um espaço de discussão, debate de ideias e defesa de causas aberto a todos que tenham uma consciência crítica do Mundo em que vivemos, pela crítica construtiva voltada para o bem comum, na qual as nossas lutas sejam as lutas da **Justiça social**, da **sustentabilidade ambiental** que nos alertem para as questões da seca e falta de água potável, da erosão, da poluição e das diversas agressões ao **ecossistema;** de lutas contra os maus tratos aos animais e a **extinção de espécies**, que graça por todo o planeta, que indique caminhos para a **distribuição de riqueza e justiça social** e não fiquemos só pela crítica pura do derrotismo ou no bota a baixo, que aliás nascem da inépcia e de um fechar-se em si mesmo.

No entanto não se pode ficar impávido, ao vermos degradarem-se na nossa sociedade os direitos conquistados após anos de luta na clandestinidade, o facto é que as liberdades de abril, conquistadas com sacrifício estão a cair por terra dia após dia, os nossos direitos mais elementares, a nossa dignidade e até a esperança no regime que nascia do 25 de abril, têm vindo a desaparecer na cultura política do povo, devido à corrupção, à imoralidade política e da vergonhosa submissão de alguns dos nossos dirigentes, face aos interesses estrangeiros ou mesmo de grandes multinacionais.

Também no campo empresarial as falências fraudulentas, as fugas para o estrangeiro de multinacionais tecnicamente chamadas de deslocações, enfim surge por todo o país um rumor de um descontentamento enorme e silencioso. Graça neste país, a loucura disfarçada sobe a capa de discursos pragmáticos e de sebastianismos inconfidentes. Loucura que mostra o rosto do absurdo, através de juntas médicas que recusam pensões vitalícias e levam a que doentes terminais sejam declarados aptos para o trabalho e sem quaisquer apoios sociais, além de serem obrigados a apresentar-se ao trabalho, acabando por vir a morrer.

Pessoas que contribuíram toda uma vida, para a sociedade em que viviam, e que foram desprezadas e espezinhadas pela incompetência, pela mesquinhes sórdida, que acabara por tirar a dignidade a quem incapacitado, sem voz e com todos os indícios da doença que o consumia, fora obrigado a humilhar-se impotente de fazer ver a sua doença, como o que foi noticiado na imprensa de um professor que mesmo doente fora-lhe negada a baixa por uma junta médica, vendo-se obrigado a continuar a desempenhar as suas funções, ainda que sem as poder realizar devido a se encontrar numa cadeira de rodas.

Dirigentes políticos, que não tiveram a consciência, a visão, a razão e muito menos o coração para reconhecer o que era óbvio, de que o professor estava gravemente doente e não quiseram admitir o que de si era impossível negar; Escolheram o caminho do absurdo e a incongruência dos seus atos, que se repetem de lés a lés no triste Portugal.

Este espaço pretende humildemente juntar-se a outros tantos na internet, a fim de contribuir construtivamente para que se faça uma revolução cultural, que em Portugal nunca houve e que cada vez mais faz-se necessário.

2

UM OLHAR SOBRE O MUNDO

Ver o mundo e as pessoas pelo mesmo prisma é mais uma
forma de prisão, porque pode ser também o princípio de uma
mentalidade preconceituosa, a qual não vê as peculiaridades de
cada um, seja uma pessoa, um grupo, uma comunidade ou um
povo.

É imperioso que saibamos respeitar outros pontos de
vista, não no sentido de ter obrigatoriamente que concordar
com os mesmos, mas sim o de sabermos nos colocar no lugar
do outro, sobretudo de tentar compreender o próximo no
modo como é e vê o mundo, por outras palavras urge eliminar
o critério do julgamento tácito e por vezes tenaz que se faz
comummente na sociedade dos nossos dias, e que
normalmente acontece de um grupo, contra um indivíduo, ou
de uma maioria contra uma minoria.

O nosso próximo, não é apenas o outro ou uma pessoa
diferente, é sim o outro, no seu todo, que é o resultado não só
da sua vontade, mas fundamentalmente de uma série de fatores
e circunstâncias que lhe moldaram a liberdade e o fizeram ser
quem é, ou fazer o que as circunstâncias lhe permitem. Ou seja
o resultado de um processo natural, cultural, e também social,
sem este olhar a tolerância não terá o mínimo espaço para

emergir no meio de nós, pelo que não poderíamos provocar uma mudança para a evolução do mundo que nos rodeia.

Todos nós somos em parte, fruto dos nossos esforços, em nos cultivarmos e em termos uma consciência crítica sobre nós mesmos e o mundo, ou a sociedade que nos cerca, não obstante, nem todos têm tido a mesma capacidade ou sorte, há no mundo toda uma enorme quantidade de flagelos e injustiças que em maior ou menor grau destroem e deformam a pessoa humana.

Muitas pessoas rendem-se, já não questionam nada, contudo estão desesperadas à procura de um emprego, de pão para matar a fome, de uma solução que tardem um vir em seu socorro, e assim tornam-se escravos do sistema globalizado, inconsequente, frio e desumano do capitalismo renascido com a queda do Muro de Berlim.

O cristianismo ortodoxo e católico, critica naturalmente qualquer socialismo materialista e totalitário. Mas também condena veementemente o capitalismo e o ultraliberalismo existente hoje, que de forma malévola deforma a consciência da massa, para a tornar numa massa consumista.

O capitalismo venceu, dizem muitos, de facto é o que as aparências indicam, mas terá mesmo vencido, ou conduz-nos a todos para uma destruição final do Planeta e da espécie humana, devido à irresponsabilidade e da destruição dos recursos naturais e dos ecossistemas frágeis.

O grito do Mundo para salvar o planeta, poderá ser tardio, se não for também o grito do mundo para acabar com a globalização e o capitalismo, se não for também o grito do mundo para salvaguardar os direitos e liberdades das pessoas e dos povos, mas a mudança ansiada, ou mesmo necessária, não deve impor o fim de todo o conjunto da nossa herança civilizacional milenar.

3

POR UM NOVO HUMANISMO

Creio que chegámos a uma época, que como sociedade ou civilização já não temos mais margem para erros, não há mais possibilidade de soluções que não tenham o Ser Humano com centro, objetivo e motor desta nova caminhada da Humanidade pela sobrevivência do Planeta e de toda a espécie.

Muito do que foi feito em nome do "progresso" e das suas falsas ilusões de riqueza e grandeza dentro de um prisma individualista, criaram um fosso entre os seres humanos e deixaram ano após ano e décadas após décadas uma erosão e destruição maciça e irreversível do nosso planeta.

A fauna e a flora agonizam, a natureza reage agressiva como que desesperada por fazer viver todo um ecossistema que destruímos inconsciente e egoisticamente.

Sim é preciso um *"Novo Humanismo"*, novas politicas mais pragmáticas mas livres de ideias de lucro, riqueza ou progresso, neste momento seria salutar um revivalismo naturalista da humanidade, sobretudo menos consumismo por parte das populações, bem como maior solidariedade entre as pessoas e o respeito mutuo entre governados e governantes.

No entanto, os tempos tornam-se difíceis e o futuro duvidoso, não só pelo que será a sobrevivência das pessoas em

15

termos económicos, mas até o ambiente social, através da violência, desemprego, crime entre outros fenómenos, que são sobejamente de grande importância para que passemos a olhar o futuro com o objetivo de perspetivar os caminhos possíveis para uma maior justiça social, igualdade e liberdades e garantias num quadro de cidadania ativa, de outro modo não poderemos ultrapassas os grandes obstáculos que se nos avizinham.

28/08/2007

4

COMO VEJO O HUMANISMO

O humanismo tem sido visto como uma mera filosofia, que coloca o ser humano acima de qualquer outro interesse, até certo ponto não está longe de ser verdade, mas não é só isto, o humanismo que eu defendo é uma filosofia de vida, uma moral e uma ética centradas na ação humana, logo uma práxis, que tem como objetivo, a resolução de todos os problemas humanos em sociedade, abrangendo as áreas da ecologia, da política, ciência e cultura.

Acho que o ser humano não se pode entender, como independente de uma entidade espiritual superior, seja ela qual for, a religião não deve ser subtraída pela filosofia humanista, antes pelo contrário, deve juntamente com ela dar resposta aos problemas humanos e sociais, nas diferentes cultura, credos e raças de todo o mundo.

Claro está que se me perguntarem sobre se é ou não, utópico, eu vou afirmar positivamente que o é, mas lembrem-se que a viajem à lua, a energia nuclear, a democracia, a robótica e tantas outras invenções que hoje são tidos como comuns, sobretudo para as camadas mais jovens, foram em tempos impensáveis e tidas como utópicas.

Não devemos ter medo de sonhar, de lutar por um mundo melhor, creio claro como crente em Deus que sem ele nada nos será possível, mas lutemos. A solidariedade social é hoje mais que nunca uma necessidade urgente e deve partir de cada um particularmente dando o melhor de si para construir no Serviço Social uma sociedade mais humanizada.

Houve vertentes diferentes de humanismo ao longo da história, o Humanismo clássico, o humanismo cristão, o humanismo marxista entre outras variantes desta filosofia.

Mas não me verão a fazer aqui qualquer tipo de apologia político-partidária, apenas a critica social, e o elogio sincero de grandes homens e mulheres que lutaram por um mundo melhor.

Moisés, Buda, Hillel, Jesus, Leonardo Da Vinci, Tomas More, João XXIII, Luther King, Gandhi, Aristides de Sousa Mendes, António Sérgio, Gilberto Freyre, Yitzhak Rabin, Sérgio Vieira de Mello. Nelson Mandela, Madre Teresa de Calcutá, entre tantos outros em todo o mundo.

5

NÃO HÁ HUMANISMO SEM D-US

Tenho observado que à exceção do MH Movimento
Humanista e PH Partido Humanista, a maioria dos
movimentos humanistas de hoje estão afastados de D-us, de
forma explicitamente ideológica, não respeitando assim a
natureza intrínseca de seus membros, no que se refere à fé,
aceito que se coloque o homem (pessoa humana) no centro das
atenções, mas para fins políticos, ou seja o fim máximo da
politica governativa deve ser o bem estar da pessoa humana, a
promoção da alimentação, saúde, habitação, trabalho,
educação, cultura, liberdades e garantias fundamentais para a
plena realização da pessoa humana em sociedade, num mundo
de paz e concórdia entre famílias, vizinhos, colegas, países,
etnias, povos e religiões diferentes.

Mas o discurso corrente do Humanismo atual, é baseado
num ateísmo disfarçado, embora com preocupações realmente
humanas, de politicas sociais e denuncias de crimes contra a
humanidade, têm-se limitado a denunciar o mundo capitalista,
e as injustiças sociais ao modelo agora vigente.

Por isso acho que esses movimentos humanistas não têm
conseguido atingir as suas metas, de despertar a consciência
politica da maioria das pessoa, só com um humanismo
pluralista e integrador de diferentes culturas e filosofias pode

atingir-se cotas de aceitação exponenciais, ou de um eleitorado considerável.

Pois ao se rejeitar o que de mais importante há em 6 biliões de seres humanos: a fé no Criador, faz com que quem crê não se volte para os movimentos humanistas.

Quem coloca D-us acima de tudo não se coloca contra o seu semelhante, mas coloca-se em igualdade perante ele.

Há que promover o ideal do HUMANISMO que seja verdadeiramente coerente com este aspeto tão humano que é a religião, a filosofia, a fé, temos de ver que todas as religiões tem características humanistas, todas elas, sem exceção, sendo que o judaísmo e o cristianismo em particular são o berço do Humanismo ocidental.

Pelo que vejo o Movimento Humanista Internacional e o Partido Humanista tem mostrado um grande respeito pelas diferentes correntes religiosas, nas fileiras dos seus membros, e defendendo inclusive que o oposto seria o contrario do ideal humanista é isso que faz que tenha uma grande aceitação internacional e um crescimento de militantes e eleitores por vários países.

6

STEPHEN HAWKING,
O DIREITO A MUDAR DE IDEIAS

No seu best-seller cientifico «Uma *Breve História do Tempo*» de 1988, o cientista britânico Stephen Hawking demonstrava aceitar a possibilidade de um Criador do Universo, no entanto voltou a trás e nega o seu ponto de vista anterior.

Stephen Hawking escreveu "*O Grande Desígnio*", com a coautoria de Leonard Mlodinow, livro editado em setembro de 2010, e vem através deste seu novo livro criar algum mal estar perante os crentes, que com esta afirmação, sentiram-se de algum modo traídos ou insultados, como o que se sentiu em alguns círculos mais fundamentalistas como os criacionistas estadunidenses, sendo que este é um sentimento transversal aos crentes de todas as religiões, embora, muito provavelmente creio deveras que não fosse essa a intenção, talvez não o tenhamos entendido, no entanto, negando que seja Divina a criação do Universo, derruba o mito da criação, muito embora a ciência e a fé não se complementem e nem tenham as mesmas funções, é no entanto certo que a teoria que nega a criação, impõe-nos a teoria que é do acaso que nasce o Universo o mundo e todos os seres vivos.

Ao afirmar que não há espaço para D-us na ciência moderna, conclui o autor claramente que o Universo nasceu do nada e que nós próprios somos fruto do acaso.

De acordo com a lógica sugerida por Hawking, sendo assim, também a ciência existe por mero acaso, o que não me parece que faça sentido pensar assim, visto que a ciência nasce da necessidade de obter respostas e compreender fenómenos naturais, sociais ou psíquicos; Embora eu respeite o direito da opinião do cientista, tenho também o direito de não crer que tudo o que me cerca seja fruto do acaso, posto isto, resta-me dizer, tendo em conta que quanto à Filosofia ou mesmo a ciência como a Física, Química por exemplo, afirmam que há a causa e o efeito em todos os fenómenos que nos rodeiam, resta-me neste sentido crer que há uma razão de ser em tudo e mesmo uma causa primeira que terá gerado o Universo, que no entanto não conhecemos e à qual chamamos ou designamos por D-us.

Na realidade a **Ciência não visa negar a fé**, pelo que esta apenas estuda o que pode ser mensurado e analisado, do mesmo modo a **Teologia não visa negar a ciência**, pois pode e deve buscar na ciência as explicações capazes de corroborar conceitos teológicos ou filosóficos, embora também não seja esse o objetivo da ciência, mas sim o de encontrar respostas para compreender os problemas que se colocam à humanidade e de encontrar soluções plausíveis para os mesmos.

Ser humanista acima de tudo é ser responsável e preocuparmo-nos com um mundo melhor e mais justo. Se não houvesse a criação ou mesmo o Criador, que sentido teriam as nossas vidas? Pois se não podemos provar a existência de um Criador, também não pode-se provar a sua não existência, ateus e crentes estão assim em pé de igualdade.

Para além disso tudo é preciso ver que se trata de uma contradição com ideias suas anteriormente escritas em livro, onde afirmava não haver contradição entre a ciência e a crença de um D-us criador do Universo, logo o *Big-Bang* seria fruto da vontade Divina em criar o Universo e todas as suas criaturas, claro que assiste a todos termos o direito de mudar de opinião, sendo obviamente também parte do desenvolvimento pessoal de cada individuo, resta-nos saber pensar por nós mesmos e encontrarmos o nosso próprio modo de pensar sem sermos sujeitos passivos da ciência ou do fundamentalismo.

Temos o exemplo de Einstein, que foi um cientista esclarecido e erudito e isso não o impediu de ser um judeu praticante e um homem de fé em D-us.

7

HUMANISMO: AS PESSOAS PRIMEIRO

O Humanismo é uma filosofia, que coloca o Ser Humano, como foco central de todas as preocupações, políticas, sociais, económicas, científicas, culturais e até religiosas, por outras palavras é a filosofia que defende que todos estes mecanismos de apoio e todas as estruturas sociais e económicas, devem ser feitas para a Humanidade e não para escravizar uma maioria em prol de uma minoria privilegiada.

Há diferentes humanismos, mas este é o que hoje tem maior expressão no sentimento ideológico da grande maioria dos Humanista a nível mundial, há tipos de humanismo dogmático que preconizam o ateísmo, e o pregam de forma militante, há os humanistas cristãos, os humanismo judaico, há um humanismo no sentido clássico do renascimento cultural, e há um humanismo que preconiza o que acima foi dito, de uma total libertação da pessoa humana em todos os sentidos, inclusive libertação dos preconceitos, e de toda a forma de grilhões que nos toldam.

Mário Rodriguez Cobos, conhecido por Silo, foi um dos mais expressivos líderes dos últimos tempos, a defender uma sociedade sem violência, preconizava a NVA Não-violência Ativa, como forma de atuação, a não-violência é o maior discurso de um Humanista, em todos os sentidos possíveis.

Parte II

Artigos de Opinião

8

TRABALHO E EMPREGO DEPOIS DOS 50

Como é do conhecimento geral, o mercado de trabalho sempre penalizou quem ultrapassasse os 45 anos, aos 50 anos então pior, somos novos para reforma (aposentadoria) e somos velhos para o trabalho. Bem isto redunda numa tremenda injustiça, que começa no preconceito de idade, e género, as mulheres sofrem mais nestes casos, e acaba-se por criar um fator grave de exclusão social e empobrecimento.

O desemprego está a subir a índices nunca antes vistos, no espaço europeu, Portugal não foge à regra, e a situação do desemprego é dramática.

Mas nem tudo está perdido, as experiências de vida e profissional são um valor acrescentado a qualquer pessoa, aos 50 anos ainda se tem mais 15 ou 17 anos de vida ativa pela frente, há pois que lutar por isto, mas como?

O maior erro de um trabalhador, é ficar 15, 20 ou até 25 anos numa empresa, a fazer exatamente a mesma coisa, e nunca procurar formação profissional, reciclagem de técnicas de aprimoramento, como informática, inglês, ou mesmo a conclusão dos estudos secundários, caso não os tenha. E porque? Bem, porque o novo mercado de trabalho está cada vez mais flexível, e exige a flexibilidade e rentabilidade dos seus empregados.

O conceito de trabalho para toda a vida acabou, o patrão acabou, agora as empresas são sociedades, e regem-se por novos conceitos. E isso, faz-nos ter que sermos bons no que fazemos, temos de nos aperfeiçoar e preparar para sair por iniciativa patronal, ou mesmo sermos nós a sair para uma empresa que nos ofereça melhores condições. Portanto aqui ficam alguns conselhos para lutar por uma colocação.

• Formação profissional e sucessivas reciclagens

• Aperfeiçoamento de idiomas,

• Atualizar o *curriculum vitae*.

• Conclusão dos estudos caso não tenha ainda a escolaridade obrigatória. Se já tiver, pondere um curso superior (Não é uma garantia, mas uma mais valia na valorização do trabalhador sénior).

• Apostar nas novas tecnologias.

• Não pare, disciplina e força de vontade, o seu trabalho é arranjar trabalho.

• Informe amigos e familiares da situação, não é vergonha estar desempregado.

• Se estiver no fundo desemprego, tendo tempo livre, faça trabalho voluntário e alargue os seus conhecimentos, com isso aumentará a sua experiência profissional, com as quais poder-se-ão se abrir algumas portas.

• Caso seja possível, tente a criação do próprio emprego através da orientação do Centro de emprego da sua área de residência.

• Pensamento positivo, acredite em si.

9

CRISE, INSOLVÊNCIA E FAMÍLIAS FALIDAS

Cada vez mais pessoas encontram-se numa situação de desemprego, devido à falência das empresas em que trabalhavam, ou não tendo falido, optaram pela redução dos seus funcionários

Milhares de famílias insolventes em 2011

O numero de famílias que se declara em situação de insolvência não para de subir, desde o inicio do ano, pessoas que perdem emprego, carro e até casa, famílias que se separam e uma série de outras consequências que atingem a depressão e doenças psicossomáticas a ela relacionadas, chegando a haver casos de suicídio em que a imprensa tem vindo sabiamente a evitar falar para não alarmar a população.

Esta crise não nasce só da crise americana do Suprime de 2008, nem apenas da crise orçamental e financeira que abala todo o mundo desde a Irlanda, depois Grécia e Portugal, ameaçando agora da Espanha à França e dos EUA ao Japão (Ou seja todo o Mundo).

Esta crise, também é fruto de um país que se endividou desde a base da população ao topo do governo. Somos (desculpem o termo) um país de alguns agiotas e de milhões de endividados. Segundo o jornal _Diário de Notícias_, só no primeiro

31

trimestre deste ano já haviam dado entrada nos tribunais com pedido de declaração de insolvência cerca de 1100 famílias, correspondendo ao triplo do ano anterior (1), O jornal *Correio da manhã* em março que 700 famílias até à data já teriam devolvido as suas casas ao Banco, na impossibilidade de as pagar, quer causado pelo desemprego quer por cortes salariais (**2**).

Por sua vez o telejornal da RTP, noticiou em meados de agosto que o crédito mal parado atingia já 660.000 famílias (**3**), e a cada dia fecham em média 17 empresas em todo o País, arrastando para o desemprego cada vez mais e famílias; Curiosamente nascem como cogumelos lojas de compra de ouro, onde as pessoas em dificuldade tem ido vender as suas joias para pagar a casa, o carro e até comprar mantimentos.

Leilões surgem por todo o Portugal, quem tem dinheiro (e acreditem que há de facto quem tenha ainda mais dinheiro nestas crises, qual raposa manhosa) faz sempre bons negócios em tempo de crise.

Os partidos políticos limitam-se a apontar o dedo acusador a quem lá esteve e a quem lá está, mas na realidade os governos que tivemos nas ultimas décadas pós-25 de Abril são todos em maior ou menor grau, culpados por nunca se ter feito em Portugal uma verdadeira politica de desenvolvimento económico e social a pensar no futuro. À exceção claro, dos clubes de futebol que tiveram estádios construídos de borla, enquanto o Aeroporto e o TGV ficaram simplesmente parados por tempo indeterminado, mas as maternidades essas fecharam, os portugueses da província daqui para a frente terão que nascer em Espanha.

Quem lê os jornais portugueses de hoje, e os livros de Eça de Queiroz, não pode deixar de reparar que parece nada mudou desde 1899, o atraso e a inércia são a qualidade que nos marca como povo e o facto que nos deixa décadas sempre atrás de uma Europa sonhada e cada vez mais longe.

Culpar os políticos só por si não resolve, e nem faz justiça, para se ser justo é preciso apontar o dedo à classe empresarial portuguesa, sempre tão míope, formada por vezes por provincianos gananciosos e com poucos projetos de futuro a não ser o deles mesmos e da sua prole. É o caso dos nossos capitalistas que ao contrário dos vizinhos europeus, não querem "ajudar" (como diz o nosso presidente) a pagar a fatura e a contribuir para desenvolver o país. Mas fazem o favor de aproveitar a crise para gerar mais desemprego e continuar a enriquecer mesmo que não sejam minimamente inteligentes e que a maioria da nossa indústria devido a esses senhores teime em não ser competitiva, se estiver a dizer algo que não gostem fiquem já os leitores avisados que é o que se fala pela Europa fora.

A crise portuguesa não advém de uma grande divida externa ou de uma bolha financeira, mas sim da perda de competitividade das nossas empresas, da nossa economia, da nossa classe empresarial e dos nosso políticos, que teimando em nos dar estádios de futebol, telenovelas em vez de formação escolar e profissional.

Nunca houve uma política coerente de habitação, o povo teve que se endividar para adquirir casa, a preços sempre mais sufocantes a que o povo cedeu.

Nunca houve uma política decente de transportes públicos, os portugueses tiveram que se endividar para comprar um automóvel para ir para o trabalho e levar os filhos à escola.

Nunca houve uma política laboral justa, os imigrantes baratos e explorados continuaram ilegais e os portugueses tiveram que emigrar à procura de um sonho cada vez menos português.

Agora que as coisas estão piores, que é que vai ser sacrificado? O caro leitor acertou em cheio, sim é você mesmo, e também eu e muitos de nós, que nos sentimos a trabalhar para o boneco, sem ter alternativa, até porque somos pacíficos de mais e Eles contam com isso.

Não foram os portugueses com a sua passividade que alertou a preocupação da cúpula da União Europeia, foi a revolta nas ruas de Atenas, de um povo que se sente vilipendiado nos seus direitos e nos seus sonhos, pela classe política que provou ser formada por alguma gente gananciosa e irresponsável.

Claro que a crise americana atirou-nos para esta crise, claro que os gastos excessivos com parcerias e com consultorias de projetos sempre adiados pioraram a situação, os juros então nem se falam esvaziaram-nos as possibilidades de reagir, sendo um país já de si pobre, a margem é diminuta, mas daí a crer que é à base do desemprego, dos impostos compulsivos contra a classe média, dos medicamentos sem comparticipação contra os reformados e os mais pobres, a diminuição dos apoios sociais, ou ainda da privatização das empresas estatais que dão lucros, e que ainda por cima os funcionários serão mais uma fileira de desempregados por todo o país, claro que não acredito nesse remédio, que para além de ser amargo é contrário ao que se exige de um mínimo de justiça social num país dito de Estado de Direito, é contrário às famílias falidas, é contrário ás pequenas e médias empresas que pagam muitos impostos e é contrário à Democracia! Só espero não ver a pobreza, como motivo de recordação dos turistas que por cá passam a fotografar a nossa paisagem.

(**1**) Diário de Notícias, de 26 de março de 2011 - Caderno de Economia.

(**2**) Correio da Manhã, de 29 de março de 2011 - Por Secundino Cunha.

10

O NOVO (DES)ACORDO ORTOGRÁFICO

A discussão do momento, para além da política, da crise económica e do vulgar futebol, é sem dúvida o **Novo Acordo Ortográfico**, que como já devem ter notado foi adotado por este blog, acompanhando outros tantos sites e blogs na grande rede virtual.

Eu partilho com muitas outras pessoas do seguinte ponto de vista, que é, independentemente de gostar ou não, adoto o Acordo Ortográfico por uma questão de coerência, e é de bradar aos céus notícias que saem a público, nas quais se diz que *"a partir de 2015 o governo afirma que não vai policiar a aplicação do Acordo"*.

Ora isto é no mínimo um demérito para a República, pois o Acordo Ortográfico têm força de lei, ou não tem? E trata-se de um "Tratado Internacional" envolvendo inicialmente sete estados soberanos, Timor é o oitavo (aderiu após a independência em 2002), nesse sentido, quem é que o governo pensa que é, para se recusar a vigiar a aplicação do acordo? ora Trata-se de leis domésticas a que o estado se obrigou ao ratificar acordos internacionais.

E neste sentido conversando e comungando deste ponto de vista, com uma professora amiga, que acrescentou e bem, *"Vejo todos preocupados com o seu incómodo e opinião e muito poucos preocupados com o significado destas declarações. Se o Governo só policia as leis com que concorda ou que lhe interessam, onde fica o nosso Estado de Direito?"*

Aliás acrescento ainda, que o acordo não foi feito ontem, demorou mais de 20 anos, e até foi no governo de Cavaco Silva que o acordo foi assinado e foi Portugal quem propôs o acordo, tendo sido solenemente ratificado em Lisboa a 16 de dezembro de 1990, tendo o tempo que passou sido mais que suficiente, no qual deveria ter sido discutido e, todavia não o foi, protelou-se negligentemente, como aliás se faz em tudo neste país (e em particular as mesmas pessoas), agora cabe a Portugal mostrar-se um país sério, responsável e credível, tendo por isso que praticar o que impõe o Tratado Internacional que tem força de Lei. O governo também tem que se mostrar coerente e governar não apenas pelo seu programa, mas gerir as palavras e respeitar as opções e decisões de governos anteriores, quando envolvem assuntos externos, pois parece que o atual governo não sabe isso de facto.

E concordo com o que referiu a minha amiga na conversa ao afirmar: *"Esta atitude de protelar e do "tanto faz", "agora não me dá jeito"* e *"só assumo das responsabilidades o que me apraz" e "o que importa é o meu umbigo" é que nos levou e mantém onde estamos".* E *acrescento eu que* é por isso que temo muito que continue a contaminar o futuro do país e condenando as gerações vindouras. É caso para dizer Valha-nos Deus.

E lembrou a interlocutora, que em jogo *"há as crianças. Todos os manuais foram alterados e andamos a ensinar-lhes um modelo que depois "tanto faz"? Que pedagogia é esta?* É a prova cabal da irresponsabilidade, será que não se consegue observar que alterações ortográficas já ocorreram variadas vezes no nosso país ao longo da história, e que também noutras línguas, até o espanhol está a fazer alterações, o italiano tinha feito uma reforma na ortografia, depois acho que um acordo bem feito é sempre melhor para o fortalecimento da CPLP.

A proposta de um acordo para simplificar a língua portuguesa, nasceu ainda na monarquia no ano de 1885, mas não foi avante, com a República, fez-se uma reforma ortográfica com vista a eliminar o analfabetismo e fora nomeada entre outras figuras Carolina Michaelis, a primeira professora universitária em Portugal e Cândido Figueiredo, mas deixou-se o Brasil de parte e daí para cá os dois países divergiram na ortografia, tendo havido sucessivas tentativas de reaproximação, em 1931, 1940 e em 1971 houve conversações com esse fim.

Para os mais jovens, fica aqui a lembrança de que se escrevia desta forma antes de 1911, phosphoro, orthographia, exhausto, estylo e a já famosa pharmácia, além de Brazil, monarchia, portugueza, annuncios, entre outros.

Digo isto, por crer que ter opinião custa apenas o tempo de se informar, o esforço é recompensado por uma consciência livre e uma cidadania ativa, e para tal devemos utilizar a liberdade de expressão, pensamento e associação.

30/01/2012

"Se Bem Me Lembro" – Ainda o Acordo Ortográfico

Como diria o Professor Vitorino Nemésio, "Se Bem Me Lembro", foi a partir de 2013, que os alunos da Universidade de Lisboa, (eu incluído) tiveram de apresentar os seus trabalhos académicos, já redigidos conforme o Novo Acordo Ortográfico, não interessa lembrar quais foram esses professores, acho que agiram muito bem porque respeitaram uma diretiva prevista para entrar em vigor 23 anos antes, tempo mais que suficiente para se corrigir erros e haver a necessária preparação ou recusa.

Foi também segundo a orientação de professores do ISCSP que nós passamos a usar o "Lince" como corretor ortográfico, nesse ano as provas e os testes eram redigidos segundo o AO90.

Paulatinamente os organismos do Estado, jornais, canais de TV, passaram a cumprir o que as diretivas estabeleciam, muitos professores e também nós alunos o fizemos com um enorme esforço e empenho.

Creio que hoje em dia, há assuntos muito mais prementes para se debater em prol da sociedade portuguesa do que discutir o Velho Acordo, ou o Novo Acordo, sobretudo passados 25 anos de tempo de preparação e adaptação e passado um ano de ter entrado em vigor, é ridículo voltarmos atrás depois de tanta tinta gasta, de tanto tempo perdido e sobretudo de muitos investimentos feitos.

Voltar para trás acho que é um erro, também pela razão de que o acordo só incide no modo como se escreve, pois afeta apenas 3% das palavras na língua portuguesa, não incide na gramática, ou em particular na sintaxe, nem na semântica e muito menos na cultura das pessoas.

Mas para mim tanto faz, quero é ver as coisas definidas preto no branco e que digam de uma vez por todas aos alunos em que norma é que vão passar a escrever os trabalhos académicos.

11/05/2016

11

A DESNECESSÁRIA DISCUSSÃO DO ACORDO ORTOGRÁFICO

As línguas são mais que instituições, são orgânicas, são vivas, e feitas por quem as fala e usa no dia a dia.

Isso vem reforçar a minha ideia de que não se deve perder tempo em discutir o acordo, nem de se propor uma fuga para trás e nem uma fuga para a frente, mas antes entregar o assunto a um conjunto de sábios (linguistas) que corrijam o que por ventura possa estar errado.

Voltar atrás e abandonar o AO90, significa transformar em desperdício tudo o que foi investido em recursos humanos e financeiros, bem como uma enorme perda de tempo de 25 anos, um desperdício colossal a que o País não se pode dar ao luxo de permitir em tempos tão difíceis e incertos, que hoje vive.

A questão do acordo em si é muito mais abrangente do que parece à primeira vista, o português falado em Portugal, corresponde a pouco mais de 6% dos falantes da lusofonia, já contando com os portugueses da diáspora lusitana, o português falado no Brasil tem um peso de 82%, e isso tem repercussões num mundo globalizado e no qual as Tecnologias de Informação propagam a informação à velocidade da luz;

Posto isto, podemos observar que sem o Acordo Ortográfico a forma ortográfica brasileira será adotada a nível internacional na produção tanto de softwares como editorial ou sobretudo na elaboração da escrita documental, o que quer isto dizer?

Quer dizer, que Portugal terá vantagens numa ortografia ratificada pelos signatários dos 8 países da CPLP, e que tem portanto de saber se adaptar a um mundo altamente competitivo, pragmático, voltado para mercados grandes e emergentes, mundo este no qual, a norma portuguesa não é a maioritária e poderá passar para segundo plano, ou seja o custo de Portugal ter uma ortografia diferenciada acarretará custos de outra ordem que as grandes multinacionais não estão dispostas a aceitar, e as empresas portuguesas devem ter em conta as vantagens de aproximação e reforço das relações comerciais e culturais com o Brasil. quererem um exemplo? As grandes editoras portuguesas, Leya, Bertrand e Difel estão presentes no Brasil.

Por outras palavras, para mim, tanto faz qual a ortografia adotada, prefiro é olhar as coisas por um lado positivo e acho que é chegada a hora de Portugal e os portugueses pró e contra o acordo voltarem-se para questões de futuro do nosso país, mais importantes, sobretudo em ano de eleições. Pois infelizmente a grande maioria quando não discute o acordo, discute o mero clubismo futebolístico, ou a vida alheia, mas pensar sobre em quem é que vão votar para que haja um Presidente da República com P maiúsculo, que de facto saiba presidir, ou qual o partido que apresente um projeto de futuro em vez de um programinhas eleitorais de governo para míseros 4 anos, (programas alias dificilmente levados a cabo), isso sim é mais difícil, porque requer de nós, uma identificação politica e um comprometimento cívico com a comunidade.

A discussão do acordo é o mesmo que irmos todos para a taberna falar do futebol e deixar tudo na mesma.

12

A FILOSOFIA COMO BASE DO SABER

Fala-se por vezes, de que a maioria dos alunos que saem do secundário, e por conseguinte de outros tantos que entram no ensino superior, tem falta de uma boa base cultural.

Quanto à falta de bases de cultura geral, nos alunos que saem do 12ª ano, tenho a dizer que a culpa não é senão do pouco incentivo cultural, que não foi devidamente cultivado quer em casa, quer no próprio ensino secundário (e pelos vistos não o será tão cedo) ou ainda de uma má política no ministério da educação, mas também é das grelhas das TV's generalistas ou ainda das más escolhas no uso da internet, e contra isso pouco ou nada se pode fazer na Universidade.

Outro erro, é o de não se ensinar Filosofia, do 10º ao 12º ano, como disciplina obrigatória a todos os cursos, e porque? porque a Filosofia é a mãe da grande maioria das ciências sociais e porque o conhecimento das correntes filosóficas ao longo da História, facilita a compreensão de outras disciplinas, cujas principais correntes advêm da filosofia.

Claro está, que ao chegar à faculdade pressupõe-se, que um mínimo de bases culturais já tenham sido adquiridas devidamente, para poder prosseguir no ensino superior.

Outrossim, é ter em conta que a aprendizagem deve funcionar em rede, ou seja uma interligação entre ciências e saberes, e a Filosofia é um desses elos, sendo um dos mais importantes, temos ainda a História e a Geografia, que ajudam-nos a saber localizar no tempo e no espaço, as diversas correntes filosóficas que marcaram a humanidade.

Como já deve o leitor ter notado eu adoro filosofia, e porquê? porque creio que ensina-nos a pensar, promovendo em nós um senso critico, que nos faz ver, julgar e agir de modo mais assertivo e consciente, sendo ainda uma ferramenta importantíssima no exercício da nossa cidadania, com base nos deveres, nos direitos e no saber ser e saber estar.

Uma pessoa amiga, lembrou-me entretanto, em meio à conversa sobre este assunto, que no entanto *"quem tem os fundamentos, a Faculdade dá os meios para o desabrochar das capacidades e das potencialidades, e acrescentou é o que vejo a acontecer com muitos alunos, e que esses continuem assim"* concluiu.

Pelo que concordei pronta e plenamente, é sem duvida um patamar que nos impulsiona a voos mais altos, na cultura e nas potencialidades que não devemos negligenciar, pois temos de as colocar a serviço da comunidade.

Outra falta imensa na maioria dos jovens de hoje em dia e até de adultos é a leitura. (que eu próprio já sinto falta devido à escassez de tempo), é pois de salientar que a falta de tempo e hábito para tal, trás maus resultados nos estudos, pelo que não basta ler uma página por dia, é preciso sim, fazer disso um hábito, deveríamos de alimentar-nos de leitura diariamente e acumular e ligar e religar conhecimentos.

Nesse sentido andando pela biblioteca do instituto (ISCSP), descobri um livro, que é deveras interessantíssimo, é simples e muito útil para os alunos de ciências sociais, trata-se de **"Itinerários da Teoria Sociológica"** de *José Júlio Gonçalves*, gostei imenso e aconselho-o aos alunos, pois nesse livro está presente a base filosófica da maioria das correntes que fundaram e fundamentaram a Sociologia e outras ciências sociais.

Mais acrescento e fazendo a devida justiça (Não poderia ser de outra maneira), que dos meios para desabrochar as capacidades e as potencialidades, deve-se somar a parte dos professores com o seu carisma, e agradeço a todos, todos sem exceção, os que até aqui encontrei no ISCSP Instituto Superior de Ciências Sociais e Políticas, onde estou a cursar o 2º Ano da Licenciatura de Serviço Social, e isto para dizer que devemos reconhecer sempre o mérito a quem o tem por inerência, e justamente faz da profissão da docência e com sacrifícios, o sentido da sua vida, mesmo que o vento dos tempos modernos não corram a favor dos professores, como outrora, merecem e merecerão sempre a minha mais sincera gratidão, a seu tempo homenagearei todos neste blog.

30/01/2012

13

NÓS E AS REDES SOCIAIS - I

Das visitas que teimosamente faço às redes sociais, sendo esse espaço cibernético hoje o que os cafés o foram no passado recente, e isso faz-me nunca deixar de passear por esses caminhos em busca de tertúlias on-line, onde encontro temas para o blog, no que me deparei há dias no facebook, com um comentário bastante pertinente de uma querida amiga, que dizia o seguinte: Que há pessoas que pensão que para se darem ao respeito, devem ser pessoas sisudas, sérias, distantes e impenetráveis, pelo que afirmou, que o que é preciso é o contrário, ou seja dá-se ao respeito *"todo aquele que candidamente é quem é e respeita aquilo que os outros são"* tal como popularmente se diz *"vive e deixa viver"*, acrescentei eu.

Pois eu cá penso do mesmo modo, dá-se ao respeito sendo quem se é e aceitando o próximo em toda a sua a personalidade, ou dignidade de ser quem é e como é. Há que sermos flexíveis e não os duros da história, e isso fez-me lembrar algo muito interessante, a razão de nascer de uma arte marcial, o judo. Certa vez, um monge budista ao observar a neve que se acumulava nas folhas e galhos das árvores, reparou que quando os galhos estavam muito carregados cediam com a sua flexibilidade e a neve caia, evitando que se partisse, voltando assim à sua posição normal. Do mesmo modo

45

devemos fazer nós na vida a flexibilidade vai mais a nosso favor que a favor do nosso inimigo ou adversário, pois tirando partido da força que dele emana e que não espera, se nos empurrarem nos os puxamos, se nos puxarem nós os empurramos e nos defendemos e os vencemos sem os agredir. Gostei muito desta filosofia budista.

De outro modo, ser flexível nos relacionamentos, respeitar os outros e nos darmos ao respeito, em nada nos impede de escrever sobre nós próprios publicamente nas redes sociais, não é de modo algum redutor, devemos também, saber ensinar os outros utentes dessas redes, a usarem de modo responsável, lógico e racional esse instrumento e mecanismo, fazendo ver que o seu bom uso é aliás, um modo bastante adequado de se desenvolverem contactos, onde podemos afastar os que não nos merecem e aproximarmo-nos de todos aqueles com quem reciprocamente nos identificamos, estreitando laços por vezes interessantes e bastante pertinentes para os nossos estudos e a nossa atividade profissional, creio que é uma forma de se ir descobrindo nas redes pessoas semelhantes, com ideais parecidas, é um meio de partilhar, de aprender e um modo de dar sentido à vida e aos nossos projetos.

Os que não compreendem, ou que connosco não se identificam, tem toda a liberdade de seguir o seu caminho e a obrigação de nos deixarem ser livres nas redes sociais, que o somos de forma correta, responsável, honesta e de modo pertinente voltada para interesses reais de pessoas e grupos, seja no facebook, orkut, LinkedIn, twitter, e qualquer outro.

E deveras tenho a ideia de que tudo isto que referi, só será possível plenamente, num espírito de verdade, respeito e transparência, que de outro modo as simulações os tolheriam e nunca seriam eles mesmos quem pretendiam alguma vez ser.

Penso que como de uma minúscula semente de mostarda, que faz nascer um arbusto enorme, assim também é a amizade, qual ouro escondido e mais valioso que temos de saber preservar com o carinho e respeito necessários. Inclusive as amizades presentes nas redes sociais.

29/01/2012

14

NÓS E AS REDES SOCIAIS - II

É curioso como uma grande maioria das pessoas usa, as redes sociais, reparo que muito poucos ousam ultrapassar os caminhos da partilha da vida privada, em favor de causas, lutas e ideias, é o que chamamos o "espaço de conforto" e detrimento da "Arena de Confronto".

Obviamente é legítimo, mas não deixa de ser triste, vermos a nossa sociedade, e o nosso País a precisar de um maior engajamento do povo para clamar por maior justiça social, vimos que encontrar os "Likes" no facebook, para as causas delicadas da política ou das mais sublimes como a cultura, torna-se impossível, sendo mais difícil do que encontrar uma agulha num palheiro.

Todavia, o futebol, a culinária, os ditados morais, os as "*selfies*", piadas e as fotografias diversas, tornam-se virais, e arrasam completamente a estrutura e a cultura de sociedade em desenvolvimento, ... o que fazer o quê? talvez emigrar para alguns... não sei.

As pessoas ainda têm medo na nossa sociedade de se identificar, de tomar partido, de dar um *Like* a uma causa.

Todavia, as redes sociais, têm mostrado cada vez mais o lado menos negativo de se estar conectado em rede, os casos de Webooling são cada vez mais notórios e os seus efeitos psíquicos mais marcante na vitima.

À primeira vista, parece que os efeitos negativos das redes sociais são a falta de diálogo com os amigos e familiares da vida real, em favor dos "amigos virtuais", mas não, o mais perigoso prende-se com o excessivo narcisismo das "selfies" e uma excessiva exposição da vida privada do utilizador da rede a estranhos a quem chama de amigos.

As camadas mais jovens são as que cresceram num mundo já envolvido na internet em redes sociais, estão aptos a lidar com a Hi-Tec, e percebem melhor que os mais velhos as formas de dialogar e difundir pelas redes sociais, tanto no Facebook, como no *Twitter*, *Second Life*, *Printerest*, *LinkedIn*, entre outras de menor dimensão e de temas mais específicos.

Este universo das Redes Sociais, é algo que veio para ficar, todavia deve ser repensado e se possível regularizado por diretrizes normativas a nível mundial. No fundo é algo que sempre existiu, mas de outra forma, eram os cafés e as tertúlias com os amigos após o trabalho ou estudos universitários, ou o famoso chá das cinco das senhoras que no inicio de século se reuniam para por em dia a sua conversa de Rede Social das amigas, conhecidas, parentes e vizinhas. Por outras palavras era mais poético, mais real, mais presente que o imaginário virtual.

Com o desenvolvimento das tecnologias de informação, também tem-se verificado o desenvolvimento dos crimes informáticos do estelionato, ou ainda outros crimes mais graves perpetrados com a ajuda das redes sociais, incluindo o sequestro, o tráfico humano, atos terroristas entre outros.

15

NADA É OU SERÁ COMO ANTES

Estava de volta do computador e reli comentários de amigos nas redes sociais, e uma chamou-me a atenção, pelo que passo agora para o blog, antes que se perca para sempre.

Há alguns dias atrás, uma pessoa amiga perguntava, "será que as coisas poderiam voltar a ser como eram antes?", confesso que a pergunta não me foi dirigida a mim, logo não conheço a razão de ser da questão, mas a pertinência da mesma, levou-me a dar prontamente um auxilio, pelo que respondi dizendo: "Nada na vida, volta a ser igual como o fora antes alguma vez, mas creio que, ou será melhor porque a experiencia e a maturidade assim o fazem, ou será pior, porque as circunstâncias assim o impõe".

Já Heráclito (filósofo grego) dizia: "Um Homem não se banha duas vezes no mesmo rio", querendo dizer com isto que numa segunda vez, nem o homem nem o rio eram os mesmos, tudo muda. Da mesma forma acrescento, as Primaveras não são todas iguais, a mudança é uma constante na irreversibilidade do caminho da vida. Há pois que saber tirar partido disto.

O que a cara amiga tinha em mente, quando formulou a pergunta, não o sei, e provavelmente não o saberei, mas à minha mente veio a questão: A crise que veio com a queda das torres gémeas em 2001, as guerras no Afeganistão e Iraque (desastrosas) os tsunamis na Tailândia em 2004 e no Japão em 2011 com o agravamento do acidente nuclear, vem trazer um agravamento do problema ambiental em todo globo, somando ainda a crise de 2008 nos EUA e o seu contágio a todo o Mundo com efeitos desastrosos para a Europa, e em particular Portugal, levando a uma crise financeira e monetária com a derrocada do euro, na qual os PIIGS se viram numa situação de rutura financeira, orçamental e não estão livres do perigo iminente de *Bancarrota*, tudo isto fazem-me crer, que trouxeram de forma irreversível e exponencial, mudanças políticas, económicas, sociais e culturais.

O mundo daí saído será outro, e tal como nas gerações passadas, não mais veremos o que chamámos ainda _ontem,_ de bons velhos tempos, que sociedade irão herdar os nosso filhos e netos? Logo resta dizer: *Nada é ou será como antes.*

16

NÃO TENHAMOS MEDO
DA PRÓPRIA SOMBRA

Venho aqui deixar este artigo baseado em pensamentos, qual imagens soltas, que não sendo imediatamente apreendidas e prontamente presas a um papel que me sirva de socorro, perder-se iam no viés das frases soltas que se atropelam na mente, como ideias, que se não fossem logo escritas, perderiam a sua pertinência, e por vezes encontro sempre lenha para queimar assuntos e *posts* na blogosfera, vindas de comentários e conversas nas redes sociais, mas não como as conversas de café, que essas eu dispenso bem, no entanto sozinho quando escrevo, ai sim, o café seja quente, morno ou frio nunca falta à minha mesa em meio a papeis, teclado e um relógio a acusar horas tardias teimosamente.

O cerne da questão, da qual venho falar, que tanto me cativou num comentário de uma pessoa amiga, é referente ao que hora se fala, comenta e propaga, sobre a Maçonaria, devo dizer que creio tratar-se de um assunto estrategicamente desviante da atenção do povo, inculcando-lhe suspeições, duvidas, mas também por vezes incitando ao preconceito, explorando os medos e o desconhecimento do que seja a maçonaria ou outra ordem qualquer, como os rosacruzes, os novos templários etc. Não caro leitor, não faço parte de nenhuma dessas organizações ditas sociedades secretas, mas não gosto de julgamentos fáceis em praça pública, feitos a partir da maldade, do conluio ou de razões escuras e duvidosas.

Penso e sinto, ser essa maldade, essa ignorância (se me permitem a palavra) esses temores, que geram hoje em nós aquilo de que Albert Camus diz no seu livro *l'étranger*, "fazem um homem se sentir estrangeiro", quer seja no seu país, no seu emprego, na sua casa e até dentro de si mesmo. Mas mais grave é que quem usa dessa maldade, usa-o agora porque os tempos são penosa e perigosamente difíceis e porque a plebe sente a necessidade de bodes expiatórios.

Já no antigo Império Romano, os imperadores sabiam que para dominar a turba, bastava-lhes dar pão e circo, como em tempos de crise escasseia o pão, está à vista que é mais fácil criar circos do que criar empregos, é mais fácil encontrar culpados do que buscar soluções, é mais fácil lidar com o medo do que mostrar confiança e novos caminhos.

E isso assusta-me na medida em que é na génese teste tipo de coisas, que se fez nascer o preconceito racial, o antissemitismo, o ódio à diferença, sejam diferenças de etnia, crença, consciência política, religiosa, cultural de género ou de opção sexual, quem ousa ser diferente em tempos conturbados corre perigos, mesmo à porta de casa, no café, no autocarro, no emprego, na vizinhança e em toda a parte onde possa estar, é sempre julgado pelo seu ser, seja porque se veste como um muçulmano, porque tem um kipá judaico, porque usa uma tatuagem de alguma tribo urbana, ou porque ousa simplesmente ser ele mesmo, livre no que é, no que crê e no que pensa.

Mas apesar de tudo, digo-vos: não tenhamos medo da própria sombra!

17

O BEIJA-MÃO AINDA EXISTE

As antigas cerimónias de protocolo em que os súbditos beijavam a mão de sua majestade o rei, a rainha e a família real, prestando-lhes vassalagem, acabou oficialmente à precisamente 154 anos no ano de 1858, e manteve-se na igreja com os fieis a beijar os anéis do bispo ou do cardeal.

Facto curioso da história de Portugal foi o Rei D. Pedro I, que levantou do túmulo os restos mortais de sua amada D. Inês de Castro, levou-a para o palácio e pôs toda a corte a prestar-lhe vassalagem, beijando a mão da "Rainha Morta".

Olhando bem para o hábito na monarquia, nota-se que no fundo traduzia-se em troca de favores, de culto da personalidade e de um hábito que derivava do feudalismo, acabado na monarquia, manteve-se vivo na área eclesiástica, sendo os fiéis a prestar vassalagem ao beijar o anel pastoral e ajoelharem-se perante o bispo ou o cardeal.

Costume que simbolicamente passou para a República e manteve-se no Estado novo, sendo nos ditados populares, o beija-mão representa o político ou empresário interesseiro, oportunista que tenta cativar as atenções dos governantes com o intuito de ver realizados os seus interesses pessoais (aplica-se também aos grupos económicos, quer sejam nacionais, quer sejam estrangeiros).

O pós 25 de Abril, não está livre da figura do "Beija-mão", que não só, não acabou como se intensificou com a entrada do país na CEE e na busca desenfreada de fundos comunitários, que vieram aos milhões, mas que não enriqueceram o povo português.

No entanto o "Beija-mão" da linguagem popular, que tanto se refere à busca de interesses pessoais, sem falar noutras práticas correlacionadas, esse sim deve ser extirpado, a bem do desenvolvimento de um país com mais ordem, mais progresso e menos mediocridade política.

20/02/2012

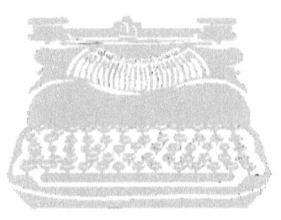

Parte III

Entre a Paz e a Guerra

18

ISRAEL E A PALESTINA
A DIFÍCIL EQUAÇÃO DA PAZ - I

Sendo humanista e defensor da Não-Violência Ativa, como modo de vida pessoal, preconizo o diálogo na construção da paz, como meio de se resolverem quaisquer conflitos armados ou não, e defendendo os direitos humanos acima de tudo.

Tenho observado no entanto, há já algum tempo, que há acontecimentos e factos que são julgados sob dois pesos e duas medidas, ou melhor são difundidos sob prismas diferentes e obviamente tendenciosos, com o intuito de formar uma opinião pública favorável aos seus interesses, e precisamente, um desses casos é o conflito no Médio Oriente, que opõe Palestinianos e Israelitas, e espanta-me ser tão levianamente julgado, na exata medida da ignorância daquele que julga, sem conhecer os antecedentes históricos do desenvolvimento do conflito, quer de aspetos como o espaço geográfico e a conjuntura da época, quer de outros aspetos que nos escapam à primeira vista; E digo leviano porque suscita maiores paixões este caso do que quaisquer outros conflitos separatistas e sangrentos, como são os conflitos do Curdistão, do Saara Ocidental, do Tibete, do Darfur, da Chechénia, da Abcásia ou da Ossétia do Sul entre outros, ou ainda conflitos internos, como os da Síria, locais em que se dá a morte de milhares de pessoas e um grave e notório desprezo pelos **Direitos Humanos**, muitas vezes sob o silêncio da comunidade internacional e sobretudo da grande imprensa, porque então é que a Palestina e Israel chamam mais atenção que todos os outros? a resposta é simples: porque trata-se de mera hipocrisia da comunidade internacional.

Mesmo o caso de _Timor-Leste_, estaria votado ao esquecimento, os milhares de timorenses que foram presos, torturados e mortos, sob o regime torcionário de Jacarta e do seu algoz o ditador Suharto, que silenciou a voz maubere com a conivência de grandes potencias internacionais, e se não fosse Portugal a insistir no caso do massacre de Santa Cruz o peso económico da Indonésia teria falado mais alto.

Voltando à questão do anti-judaísmo, olhando atrás no tempo, observamos que o ódio antissemita, tantas vezes nutrido e incentivado quer pelos vários cleros cristãos, quer pelos diversos Estados em várias zonas da Europa e do mundo, fez levantar "**A questão judaica**", aliás titulo de uma obra do pensador _Karl Marx_, e podemos ainda ilustrar o preconceito antijudaico na Europa com o _Caso Dreyfus_, ocorrido em França, ou ainda com o que se passou com _Aristides de Sousa Mendes_, Cônsul de Portugal em Bordéus, ao tempo da II Guerra Mundial, e que salvou várias vidas humanas, concedendo vistos para a fuga de judeus, algo que desagradou Salazar, que aliás não só, não o perdoo como aliás castigou-o severamente, destituindo-o do seu cargo e retirando-lhe a sua subsistência, pelo que sem outros recursos, Aristides viveu num total ostracismo e morreu na miséria absoluta. Porquê? Porque salvou milhares de famílias judias! se não fossem judeus talvez até fosse condecorado pelo regime salazarista.

Voltando à questão judaica, e em particular ao Problema da Palestina, podemos entender a origem da mesma como resposta a um continuo e crescente antissemitismo, numa Europa em que o fascismo crescia a olhos vistos, acompanhado de um exacerbado nacionalismo político e religioso, levou o Ministro dos Negócios Estrangeiros do Reino Unido, **Arthur James Balfour** a fazer uma declaração, que ficou conhecida na História como a **Declaração de Balfour**, a 2 de novembro de 1917, tratando-se de uma carta enviada a um banqueiro judeu, o **Barão Rothschild,** cujo nome era Lionel Walter Rothschild, e que estava envolvido no movimento sionista, iniciado por Theodor Herzl anos antes em Basileia na Suíça.

Carta essa, em que Balfour em nome do governo britânico está disposto a conceder o estabelecimento de um lar judeu na Palestina (então província do Império Otomano), caso a Inglaterra conseguisse derrotar e desmembrar o Império Otomano na I Guerra Mundial.

Primeiramente é preciso ter em conta que os palestinianos não se reviam no Império Otomano tal como outros árabes, ter em conta que nunca deixaram de haver judeus na Palestina, embora devido ao abandono crescente que os Otomanos impunham a essa província, e os impostos que os otomanos cobravam à população não muçulmana, fazendo com que muitos judeus saíssem da Palestina, tendo havido no entanto comunidades judaicas que persistiam em viver na Terra Santa e que eram formadas por judeus naturais da Palestina os chamados _Sabras_.

Com o Movimento Sionista, imigram no fim do Século XIX, muitos judeus russos, polacos e de outros países da Europa do Leste, vitimas de Pogroms, iniciando a construção em 1906 de uma cidade totalmente judaica na Palestina "Tel Aviv", construída sob uma terra pantanosa que os otomanos venderam ao judeus, mas essa imigração aumenta com o inicio da II Guerra Mundial e com o fim do Holocausto, onde passaram a tentar imigrar vários sobreviventes judeus segundo autorização dada pelos britânicos, temos dessa altura o Caso do Navio **Exodus**, que chegou a buscar judeus refugiados na Ilha de Porto Santo em Portugal.

A Palestina nunca fora um país independente, e já na antiguidade o termo "Palestina" era aplicado a toda uma região onde existiam o Reino de Israel, Judá, de Edom, de Moab e outros povos como os nabateus e os filisteus, e é precisamente dos filisteus que nasce o termo grego "*phalasti*" que quer dizer "Falastin" ou terra dos filisteus (povo oriundo do mar Egeu a que os egípcios chamavam os povos do mar), que se situava onde é hoje a faixa de Gaza, tendo este território, vindo mais tarde a ser ocupado pelos árabes muçulmanos, no entanto sempre existiram populações autóctones de judeus, os chamados **Sabras,** muitos no entanto viam-se forçados a emigrar, devido à pobreza que era imposta pelo império otomano aos judeus, através de avultados impostos ou ainda de segregação.

A ONU em 1947, defende (e a meu ver muito bem) que para estar de acordo com os direitos humanos, e especificamente o direito dos povos à autodeterminação, só seria possível se o povo judeu (que foi impedido da sua autodeterminação por aproximadamente 2000 anos), juntamente com o povo palestiniano tivessem direito a formar os seus respetivos Estados, a **Resolução 181** foi aprovada e fez-se a partilha territorial do que restava da Palestina, visto uma parte já estar à altura separada (Transjordânia) que veio a formar a atual Jordânia.

O grande opositor do direto dos israelitas à sua autodeterminação, foi o líder religioso ultra radical o Mufti de Jerusalém **Mohammad Al-Husayni**, que chegou a fazer aliança com os nazistas para o impedimento de um Estado judeu na Palestina, em 1947 defendeu que os palestinianos não reconhecessem o seu próprio Estado recém-criado, e reivindicassem todos os territórios atribuídos a Israel.

Quando este ultimo declara a independência, **David Ben Gurion** líder do MAPAI Partidos dos Trabalhadores, estendeu a mão ao povo irmão da Palestina, e apela para que ambos possam viverem em Paz na construção dos seus dois países, Ben Gurion defendeu ainda que tanto os palestinianos em Israel, como os judeus na Palestina, convivessem pacificamente em espírito de colaboração, mas o que ele e os britânicos temiam aconteceu, No dia anterior à Retirada da Grã-Bretanha do Território, e para que não caísse o poder no vazio, Israel declara a Independência, a 14 de maio de 1948, tal como previsto pela resolução 181, sendo que os palestinianos não criaram o seu próprio Estado, e no dia 15 de maio, Israel é atacado por 5 exércitos da Liga Árabe, a Síria, a Jordânia, o Líbano o Egito e o Iraque, com o intuito de destruir à nascença o Estado Judaico e de expulsar os israelitas.

O rescaldo dessa iniciativa da Liga Árabe foi muito prejudicial para os palestinianos, pois foi feita a anexação de partes da Palestina pela Jordânia e Egito, tendo ainda centenas de milhares de refugiados palestinianos que viver em países árabes, os palestinianos foram tratados pelos vizinhos árabes, em alguns casos como meros estrangeiros e não como árabes, sofrendo segregação, tendo ocorrido inclusive na Jordânia o massacre que é conhecido por **setembro negro**, em que tropas jordanianas entraram em confronto com refugiados palestinianos e com a OLP que estava estacionada no seu país, confronto esse que durou 10 dias, onde morreram cerca de 3500 palestinianos, e os restantes fugiram ou foram expulsos.

Desde 1948, o conflito teve uma escalada crescente, levando à criação da OLP Organização para a Libertação da Palestina liderada por **Yasser Arafat**, que mais tarde reconheceu o direito de Israel à sua autodeterminação, e renunciou à luta armada.

Atualmente a Autoridade Palestiniana está dividida, desde a guerra civil que ocorreu em 2007 na Faixa de Gaza, e que opôs o grupo extremista Hammas ao moderado Al-Fatah de Mahmoud Abbas, e é visível o franco progresso da Cisjordânia face à Faixa de Gaza.

O impressionante é que o foco de atenção que a imprensa internacional dá neste conflito, virando-se exclusivamente para Israel, quando este ataca em defesa na luta contra o terrorismo, é tido apenas como ocupante e agressor, pelo que a imprensa não tem tido em conta os ataques do Hammas durante 3 dias com 766 rockets, lançados a partir de zonas residenciais contra civis israelitas.

Posto isto, resta-nos perguntar, se não terão as autoridades de Israel o dever moral de defender a sua população e de se defender de atos terroristas, que em nada contribuem para a paz?

Será que a Imprensa internacional não entende que deve ter em conta, o direito de idosos, mulheres e crianças entrarem num autocarro (ónibus) sem que sejam mortos por bombistas-suicidas, e que as pessoas no mundo inteiro merecem estar informadas?

A imprensa que condeno é a chamada grande imprensa, das TV's que vendem *reality shows*, limitando em busca do lucro a sua ação, impondo produtos de consumo, com um intuito de alienar e de não informar os seus telespectadores acerca do que deveras deve ser informado.

Também os jornais sensacionalistas e baratos que só vendem o ódio e o sangue como notícia de capa, um chamariz para a venda de um mero produto de consumo, porque até parece filme ou ficção o ódio e o sangue derramados longe da realidade europeia e estadunidense.

Onde pois está uma grande imprensa que informe e forme uma opinião pública, sobre os auspícios da verdade dos factos? Uma imprensa que promova a paz, que nos livre dos ódios muitas vezes gratuitos.

As populações requerem ser educadas e ensinadas para tal, pois as massas limitam-se a pensar conforme o sistema os condena e a vida difícil assim impõe, aprendem apenas o ódio, e esse não é o caminho para a paz.

O caminho para a Paz é estarmos informados, mesmo que por vias alternativas, numa real conciliação de esforços para uma imprensa livre e coerente

O caminho para a Paz, passa pela Independência da Palestina com certeza que sim, mas sem o terrorismo do "Hammas", sem as mentiras de uma grande parte da imprensa, porque ambos os povos têm esse direito, o de viver as suas vidas com todas a dignidade, na máxima liberdade de expressão e de informação, ou não terão os judeus também direito a ter o seu próprio país?

Haverá sempre gente mergulhada em preconceitos, mas ainda assim urge fazer da notícia um dos esforços para a paz, de forma meramente informativa e não tendenciosa.

11/12/2012

19

ISRAEL E A PALESTINA
A DIFÍCIL EQUAÇÃO DA PAZ - II

A paz, por vezes não passa mais do que uma palavra, três letras e muitos discursos, quanto às intenções, essas ficam-se pelo caminho. Mas pior que isso é a hipocrisia da grande imprensa e dos políticos ocidentais, que fecham os olhos aos ataques iniciados pelos terroristas. As vítimas são e serão sempre as mesmas, o processo de paz e os povos de ambos os lados da fronteira, Israel e Palestina na difícil equação da Paz, merecem o apoio sério da comunidade internacional, e de uma imprensa isenta e esclarecida e esclarecedora.

Esta quarta-feira Israel foi atacado com mais de 65 rockets, lançados a partir da fronteira da Faixa de Gaza, no que é considerado de uma Guerra Santa (Jihad Islâmica) que tem obrigado várias famílias israelitas a se refugiar em abrigos subterrâneos.

Não irei comentar os ataques em si, não é minha missão dar a notícia, mas comentar e denunciar acontecimentos e factos. Neste caso, o que observo é que há uma total desconsideração face às potências ocidentais para a verdadeira resolução deste problema, que sabemos nós não se resolve com ódio, nem vingança, mas com passos largos e decididos em direção à paz, mas para isso, o primeiro passo é de certeza, conquistar a confiança do outro, dando sinais inequívocos de que se está a construir essa paz, não com palavras mas com atos e seriedade. Como diria <u>Amos Oz</u>, é preciso combater o preconceito de ambas as partes, todavia isso não basta, enquanto os terroristas lançam 65 rockets contra alvos civis em Israel, propositadamente ignorados pela imprensa internacional, que só vê interesse em divulgar com notícia a resposta israelita, numa total deformação da informação e, da deturpação da opinião pública internacional referente ao caso.

A paz é o bem mais precioso que ambos os povos, dos dois lados da fronteira poderão ter, e não sei quem verdadeiramente perde com o fim deste conflito, mas sei que terá tudo a ganhar com a Paz plena e duradoura, pois através dela todo o resto é possível, paz essa que é necessária para que se possa vislumbrar o reconhecimento mútuo de ambos os Países, condição sine qua non para a Palestina tornar-se um país soberano.

Shalom Aleichem, que é a palavra hebraica que significa Paz, e que serve de cumprimento à chegada e à partida, possa vir a ser dita em alto e bom som, para que todos os povos compreendam e saibam que ela é sinónimo de sede, de sonho e de uma incansável esperança, para homens e mulheres, novos e velhos, de todos os credos.

14/03/2014

20

O MAIS IMPORTANTE É
NÃO PERDER A PAZ

Neste momento é o que se tem vindo a perder, numa espiral de violência em todo o Mundo Árabe. Resta saber até onde irão soprar as ondas de choque deste terramoto político, religioso e cultural do Médio Oriente, face a uma ONU que na prática é um boneco de faz de conta, e face ao Ocidente EUA e Europa divididas e decadentes, bem como a perda da influência das Igrejas Cristãs na sociedade moderna?

Nada se perde tudo se transforma, o que hoje é uma crise económica, poderá ser amanhã uma crise política, cultural e assim sucessivamente, até entrarmos numa crise civilizacional, com novos valores, novas culturas, e novos modos de exercer o poder sobre as massas dominadas (quer elas se apercebam disso quer não) esta civilização que as pessoas da minha idade e mais velhas conheciam, está a ruir, não é apenas a evolução dos tempos modernos, com novas tecnologias, é um ruir de valores elementares, dos quais se formaram as bases para a Democracia e o Estado de Direito. É do oriente que vem os novos ventos, que impõe a mudança, foi assim que nasceu a Europa, vinda do Oriente (Anatólia) voando sentada em cima de um touro alado.

Embora a História se repita, e muitas crises sejam cíclicas, quando voltam deixam sempre marcas profundas e irreversíveis, e face ao recrudescimento das convulsões políticas no mundo árabe, a posição da diplomacia Argentina de retirar a cidadania a cidadãos israelitas com dupla nacionalidade bem como a pressão dos países europeus contra a ofensiva israelita, é exatamente o que Israel deveria ter evitado, ou previsto e é precisamente o que o Hamas desejava, pois o enfraquecimento militar do Hamas através dos bombardeamentos israelitas, não é nada comparado com o fortalecimento que lhe é dada à sua posição política, quer a nível internacional e sobretudo a nível interno do mundo árabe, isolando Mahmoud Abbas e a Al-Fatha, e este sendo substituído na liderança teremos uma radicalização e um retrocesso na política da Autoridade Palestiniana, e ainda maior nos movimentos extremistas islâmicos que se espalharam por todo o mundo.

Temos muitas perguntas, observamos muitos factos, e através de meios de informação diversos, e por vezes parciais e tendenciosos, de tal modo que não obtemos respostas, mas ainda que sem respostas para todas esta crise civilizacional, a única bandeira em que eu acredito é no Humanismo.

É o fator H, o que não pode faltar seja em que cultura for, as pessoas estão e deverão estar em primeiro lugar, na construção de um mundo melhor, ainda que as civilizações sejam mutáveis, ou morram tal como nascem. Mas que não deixemos morrer em nós os valores maiores, que as civilizações anteriores nos trouxeram, seja do cultura greco-romana, da religião judaico-cristã, seja do renascimento, ou do Humanismo e dos Direitos Humanos nascido da Revolução Francesa, é o que nos trouxe até aqui, sendo que mais importante do que ganhar a guerra é não perder é a PAZ que emana do ideal do Novo Humanismo.

21

A PAZ NÃO É UM MONÓLOGO

Te todos os povos do Mundo, há dois povos que foram impedidos de ter terra, uns eram os Ciganos por serem nómadas e pagãos, os outros eram os Judeus, por terem sido expulsos pelos romanos e por permanecerem fiéis à sua fé judaica.

Essa tradição ainda hoje se mantém, de expulsão em expulsão, de pogrom em pogrom, passando ao Holocausto, a Europa racista quis ver-se livre dos judeus, o britânico Balfour permitiu que eles voltassem à sua terra natal, onde aliás sempre existiram judeus, os mais fieis e teimosos, que queriam viver na terra prometida, a esses judeus chamados Sabras, os árabes impunham-lhes os mais altos impostos, e exigiam que vivessem nas casas mais pobres dificultando-lhes a vida forçando-os a vagas sucessivas de emigração e degredo. É por isso que o número de judeus era muito reduzido.

A Palestina, aliás nunca existiu como país, e nem como povo, os palestinianos são árabes, a Palestina só existiu pela simples razão de os Romanos, rebatizarem a Judeia de Palestina, como forma de subjugar o povo hebreu, e muito mais tarde a Província da Palestina que era parte do Império Otomano, incluía o que hoje é a Jordânia.

O Líder muçulmano de Jerusalém o "Mufti" temia que o retorno dos judeus à Terra Santa, viesse a ser o que de facto se tornou, Israel, e por isso reuniu-se com Adolfo Hitler, desejando o extermínio total dos judeus europeus.

A Palestina não existia no início do Século XX, o que Existia era o Império Otomano, que fora retalhado após a I Guerra Mundial, aos franceses coube o Líbano, aos Ingleses, a Palestina (Israel e Jordânia atuais).

Para resolver o problema da Província da Palestina, a mesma foi dividida em duas partes, a Oriental (Jordânia) e a Ocidental, que viria a ser dividida em dois estados o Judaico e o Árabe, pela resolução 181 da ONU em 1947.

O Problema é que após a retirada dos ingleses, (e lavaram as mãos) do terreno, os países árabes não aceitam no meio deles a existência de nenhum outro país que não seja muçulmano, daí Israel após a declaração de independência ter sido atacado por 6 países ao mesmo tempo. Egito, Líbano, Síria, Jordânia, Iraque e Arábia Saudita. Israel contudo conseguiu vencer todos esses seis exércitos, mas há algo curioso, Israel respeitou a existência de um Estado Muçulmano, que por sinal foi anexado pela Jordânia e pelo Egito.

De qualquer modo, a Paz, e a Independência de Palestina, são necessárias para o bem de Israel, e do Mundo, e defendo que isso se faça o mais breve possível, no entanto todos os países árabes tem a obrigação de reconhecer o direito de Israel existir como nação, e de os judeus poderem viver na terra de onde foram expulsos por romanos, cristãos, muçulmanos ao longo dos séculos.

A condição *sine qua non* é obviamente a total renúncia armada e o fim desmantelamento dos movimentos terroristas. Pois a Paz não pode ser um ato unilateral de boa vontade, pois Massada não se repetirá na História.

22

FUGIR DA GUERRA E MORRER NO CORAÇÃO DA EUROPA

Fugir à guerra da Síria e encontrar a morte na Europa, é de todo o que menos se espera quando se está cheio de esperança, quando se acredita que se seja acolhido dentro dos valores da Liberdade, Igualdade e da Fraternidade, valores esses que surgiram da Revolução Francesa, que é o maior legado deixado pela Europa ao mundo.

Algo vai mal, não é apenas a guerra, não são apenas as crises económicas, sociais, nem apenas a fome no mundo, mas sim já passou a ser uma questão moral e de valores, algo vai mal nos valores civilizacionais, ou seria melhor dizer, que o que se passa é que algo vai mal, porque faltam esses valores.

Acima de tudo, algo vai mal, quando refugiados da guerra e vítimas de uma crise humanitária, são denominados de imigrantes, pior, é que o acesso a um campo de refugiados, se faça a atravessar fronteiras como se estivessem a cometer um crime.

Soma-se a tudo isto, a descoordenação dos políticos europeus, a ganância de criminosos que recebem dinheiro para fazer chegar à Europa pessoas que viajam sem as mínimas condições, de tal modo que na Áustria foi encontrado um camião abandonado, tendo sido encontrado no seu interior cinquenta pessoas mortas por asfixia, vítimas do tráfico humano, alguns poderão ter pago mais de 3.000 dólares para acabarem por morrer às portas da liberdade e da Paz.

Mas o erro não está no outro lado do mundo, onde há guerra e fome, o erro está no centro da Europa, num continente cada vez mais entrincheirado, o qual os refugiados pensam que mesmo não havendo fartura, haja ao menos solidariedade, solidariedade essa que subjaz no cristianismo e nos valores da democracia, e há de facto muita gente solidária, mas não há solidariedade suficiente do ponto de vista político, sobretudo que 70 anos após a II Guerra Mundial, os Direitos Humanos estejam a ser violados de forma brutal como os arames farpados na Hungria para impedir a entrada   dos   refugiados. O que é preciso fazer quanto aos refugiados é proporcionar-lhe a dignidade com o acolhimento, dando-lhes condições de ao menos chegarem vivos a um campo de refugiados onde haja, abrigo, agasalhos, alimentação e todo o tipo possível de apoio médico e psicológico.

Quanto aos imigrantes ilegais que vem para à Grécia ou a Itália, vindos de África e da Ásia, o importante é saber o que se pode fazer para que as pessoas possam ficar livres e felizes dentro dos seus países trata-se de cooperação com vista ao Desenvolvimento Comunitário, a que os povos têm direito e a que os Estados devem tentar chegar a um consenso.

23

A PAZ NÃO É COMPATÍVEL
COM O TERRORISMO

A Verdadeira PAZ não tem preço e não é conivente com atos Terroristas, por mais que tenham como pano de fundo a libertação de um povo, derramam sempre sangue inocente.

O Humanismo preconiza a libertação dos Povos pela NVA Não-violência Ativa, tal como a praticou Mahatma Gandhi, levando a Índia à Independência, ou Martin Luther King com a emancipação negra nos EUA, tal como a ensinou e praticou Silo. No ideal humanista os meios não justificam os fins.

Neste sentido considerar grupos armados não Terroristas como foi o caso do Hammas por parte da União Europeia é um atentado à própria PAZ, porque ao dizermos que não são terroristas, estaremos a legitimar todo e qualquer ato violento que visa o derramamento de sangue de inocentes para atacar a classe política de um país, quer seja pelo lançamento de rockets, quer seja pelo atropelamento intencional de transeuntes, ou por homens-bomba.

O facto de a União Europeia ter retirado o Hammas da lista de grupos terrorista é contraditório com os Direitos

Humanos e é uma carta-branca aos movimentos terroristas em solo europeu é o mesmo que legitimar o HAMMAS e os seus métodos; é sobretudo dar carta-branca a todos os movimentos de libertação na Europa que façam exatamente o mesmo, porque a bandeira de fundo será a mesma.

19/12/2014

24

O ESTERTOR DE UMA CIVILIZAÇÃO

Tanto quanto as guerras e os conflitos militares que existem, há hoje uma guerra surda, do estertor de uma civilização que soçobra, vacila e reage, fingindo erguer-se, na aparência externa do progresso, da tecnologia de Ponta, ou da cultura de massas, que mais que divertir embriaga, nos ilude, nos aprisiona.

E o estertor é ele mesmo, revelado nos conflitos armados, nas guerras, que são presságio de mudança, quem imaginava há 20 anos atrás, os conflitos que hoje nos afligem e colocam irmãos contra irmãos? Quem imaginaria, a extinção total dos cristãos do médio oriente? Quem imaginaria que seriam crucificados na Síria, fuzilados no Iraque, entre outros países?

Está a nascer uma nova civilização, lentamente, mas progressivamente assume seus passos com determinação. Ao que para nós é o desconhecido.

Há uma guerra interna, nos nossos corações e nas nossas mentes face a essa mudança, uma guerra surda, porque no fundo o que as pessoas se perguntam é se há algo de bom que possa permanecer ou vir.

Não percamos nunca a capacidade de Ser, de amar, e sobretudo de valorizar a vida, não a nossa própria vida, mas o conjunto de todas as vidas. No respeito pelas pessoas, pelos animais e pela natureza.

Por fim, não tenham medo de discursar, um discurso Humanista, e de discutir, refletir, e denunciar, desde que seja algo que construa, que promova, mesmo que isso só conquiste uma única pessoa, já terá sido válido, para a partir dela mais outra, e mais outra.

Afinal foi de discursos que a história se fez, o que foram os sermões de Cristo? Discurso; O que disse ao povo hebreu Moisés? Discursos; O que terá discutido Sócrates com os seus alunos; Discursos; O que fizeram os grandes estadistas quando fizeram a História a partir das suas decisões e da Dialética natural dos factos? Discursos; O que fazem os pais quando ensinam aos filhos? Discursam.

E que esta civilização que nasce, não seja o ovo da serpente que todos temem, mas antes, a civilização de pessoas conscientes, preocupadas com o rumo que o Mundo em si, está a tomar.

10/08/2014

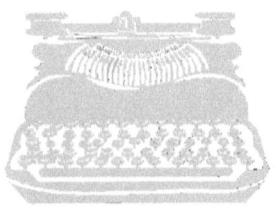

Parte IV

Textos de Inquietude

25

ASCENSÃO DA EXTREMA-DIREITA
- A FRANÇA EM CHOQUE -

O resultado das eleições regionais francesas foi sobretudo surpreendente, na medida em que não se esperava, e pelas consequências políticas que poderão causar, tendo em conta que o partido que sai vencedor destas eleições, a FN Frente Nacional de Marine Le Pen, é agora o maior partido de toda a França, e o é por ter sido guindado a este resultado como consequência dos atentados ocorridos em Paris.

A França desta manhã é uma França transformada e nada voltará a ser o que era antes, o país sofreu duas grandes humilhações, a primeira foi contra a liberdade de imprensa, a 7 de janeiro de 2015 com os ataques ao Charlie Hebdo, a segunda em novembro com os ataques de Paris causando 140 mortos. Mas a principal vítima foi a sociedade francesa, que refugiada no medo volta-se para a extrema-direita como salvadora da pátria no combate ao terrorismo, em detrimento dos direitos e garantias vigentes no regime democrático de um Estado de Direito herdeiro da Revolução Francesa e da já universal e consagrado lema: "*Liberté, egalité et fraternité*".

Nestas eleições, o retrato dos eleitores é surpreendente e nitidamente claro com espectro do terramoto político que paira sobre toda a Europa, sendo que do eleitorado que votou na extrema-direita, foram de 43% da classe operária; 36% dos restantes trabalhadores de diversos setores; 35% são jovens entre os 18 e os 24 anos.

Só as classes media alta e alta, e os eleitores com formação superior resistem ao fenómeno da Frente Nacional e do seu discurso radical, xenófobo, racista e antissemita.

Esperemos que por agora seja apenas um mero susto eleitoral, mas deve-se ter em conta que uma vez instalados no poder autárquico dos municípios e das Regiões Administrativas, poderá vir a criar-se a máquina eleitoral que dará obviamente o suporte para a conquista do poder; e isto já o vimos antes, em 1925 com o Partido Nacional Socialista dos Trabalhadores Alemães liderado por Adolf Hitler, o único ditador a chegar ao poder por meio de eleições livres.

09/12/2015

26

O Estertor de um Sistema

Ainda agora começou o ano, e o balanço do que ficou para trás, talvez tenha de ser feito agora, não é porque se mudou de ano, que a crise ou os problemas acabam como é óbvio, mas há é que aproveitar o ânimo, para lançar sobre eles um novo olhar, ainda que possamos pouco, temos que ter uma posição, uma clara consciência, de que o que está a acontecer e o que está para vir, de um modo ou de outro, afeta-nos, não apenas nas questões políticas, ou económicas, mas até no modo como temos vindo todos até aqui, a viver como se amanhã fosse mais do mesmo de hoje, e ainda bem que não é, por um lado, infelizmente por outro.

O mundo está em mudanças constantes, os conflitos de interesses ocorrem em várias partes do globo e em vários setores da sociedade, de um lado os que defendem com unhas e dentes o *status quo*, do outro os que sabem que uma reforma é inevitável para manter o mínimo possível um sistema capitalista, mesmo que moribundo, e, há ainda os que preconizam uma nova ordem nos moldes de um novo humanismo, para uma sociedade sustentável, de cidadania ativa e de uma plena democracia participativa.

Ainda hoje, uma pessoa amiga comentava no facebook que dão-se mais *likes*/gostos a uma jovem decotada, que a uma imagem de solidariedade a uma menina com cancro, e deveras assim é.

Infelizmente, o mundo em que vivemos, valoriza mais as pessoas, pela sua aparência, pelos seu ***status*** social, por exemplo, se uma pessoa pobre diz uma verdade é vexado, se uma pessoa rica diz uma barbaridade, todos acham um grande discurso e até dão-se salvas de palmas, os valores esses, estão todos trocados na sociedade em que vivemos. É deveras o retrato de uma sociedade capitalista.

No entanto, o capitalismo tem os dias contados, está a cair de podre por todo o lado, há que ter noção disso, e preparamo-nos par uma CIDADANIA ATIVA, pois um novo paradigma está a nascer lentamente dos escombros deste sistema desumano.

Demora ainda, claro que demora, pois o sistema vendo-se atingido por sua própria causa (como aliás previra Karl Marx na sua obra, "O Capital", faz com que esteja a apertar o cerco, com o recuo das conquistas sociais, do *pós-guerra* como o *wellfare state* europeu, que está a cair como efeito dominó, conquista atrás de conquista, com o intuito de travar a crise e manter a sustentabilidade do sistema, mudando o paradigma da igualdade para a equidade, se fosse só isso talvez fosse discutível, mas não para por aqui e o que está por trás é muito obscuro. A crise económica dá lugar a políticas de intimidação e fragilização dos trabalhadores assalariados, afetando toda a sociedade pelo medo, pela insegurança e pela instabilidade, isso não impede a decadência de um sistema que está podre, e até o planeta, se ressente do sistema que tem vindo a destruir os recursos naturais de uma forma irresponsável e irremediável. Basta lembras George W. Bush e o fim do tratado de Quioto.

Por todo o mundo, os povos queixam-se do mesmo, chama-se a isto, GLOBALIZAÇÃO, ou seja estamos todos no mesmo barco, a luta é de todos, mas não é uma luta de armas, e sim uma luta de mentalidades.

Há que tomar consciência do seu valor como SER HUMANO, dos Direitos Humanos e a Dignidade a que todos têm direito, os humanos, os animais e até o ecossistema, todos somos um só; Há que nascer uma nova consciência, um novo DESPERTAR da consciência, sendo a partir disso e no assumir da nossa identidade, que nos libertaremos de tudo o que por ventura nos oprima.

Assim, pensar mais longe é um exercício libertador, temos de pensar numa maior abrangência de tempo, par se poder vislumbrar um mundo para os nosso netos e bisnetos, não um mundo para o agora, não um mundo dividido em categorias, sejam de raças, de credos, de cores, de género, étnicas ou geracionais; Todos somos UM!

E como aliados, o capitalismo conta com as atitudes individualistas, consumistas, ignorantes e fanáticas, e com a injustiça social (disfarçada claro) pois enquanto um trabalhador ganha pouco, só se preocupa com o pão de cada dia, não com a sociedade em que vive, o trabalhador é pago muito abaixo daquilo que deveras produz para a sociedade, visto a disparidade do que ganha face ao lucro que produz. Há que ter em conta que há países em que um ordenado mínimo, não garante o mínimo necessário à sobrevivência.

Nem é preciso ser-se idiota, o sistema mantém-se com os políticos que se auto promovem pela corrupção, pelo conluio, pelo engenho e esperteza que a ganância exige de uma escumalha nojenta que por vezes, faz-se passar pelo que deveras não é, governando-se mais a si e aos seus que ao país e às gerações futuras, há ainda o futebol, as telenovelas, e o restante telelixo, no cinema os filmes muito ao jeito de *"american way life"* que são na realidade um "capitalist way of life", até mesmo a religião serve para alienar as populações quando o fanatismo se estabelece no lugar de D-us ou do próximo, hora tudo isto destrói a identidade e a consciência das pessoas, levando-as a um mero mimetismo e individualismo exacerbados.

Este fenómeno é igual em toda a parte, desiludam-se que em determinado país, há o eldorado, que há a justiça social plena, claro que há uns locais piores que outros em termos de desenvolvimento, mas em todos se praticam os exageros, a injustiça e todos os demais males vindos de um sistema que estando podre, faz as dores do povo de hoje, ser as dores do estertor do capitalismo. O seu fim é certo, o seu espaço terá de ser ocupado por um novo sistema, de preferência mais justo, mais sustentável e sobretudo mais humano.

01/01/2013

27

A VULGARIZAÇÃO DA DEMOCRACIA

A Democracia é hoje uma palavra, cujo significado se torna confuso. Devido à incongruência dos atos dos governantes exclusivamente economicistas das potências ocidentais, ou dos gigantes emergentes, que ainda caminham com fragilidade na estrada ainda por desbravar das novas democracias, democracias que esquecem o serviço do Estado, para impor os interesses do CAPITAL, e das grandes multinacionais (que de facto perverte a democracia). Em que resultou a democracia portuguesa saída da revolução dos cravos? Ou por outras palavras qual o nível máximo que se atingiu em termos de democracia? As respostas não devem ser simplistas, mas a realidade está à vista, Portugal nunca desenvolveu uma democracia plena e verdadeiramente descentralizada, por razões culturais, mas também obviamente pelos interesses estabelecidos de um "Caciquismo" que teima em permanecer, atrasar e empobrecer as instituições e o País.

Votamos em Partidos, mas não votamos em pessoas, e as listas dos candidatos são sempre feitas e impostas aos eleitores de forma ditatorial pela partidocracia, que decide quem e em que lugar, não dando uma oportunidade como em qualquer outra democracia europeia ou sul-americana de ser o eleitor a votar em quem bem lhe apraz.

Posto isso resta-nos uma pergunta, porque temos de votar em Partidos, e se quiséssemos votar num único individuo para deputado sendo ele independente, porque não? Então e a democracia onde reside de facto para além dos interesses da classe dominante do novo-riquismo provinciano, que gente que sobe a custo (mais dos outros que deles) e que invadiu a arena política em favor próprio e não do povo como deveria ser numa verdadeira democracia.

E na linguagem popular, a democracia é uma palavra corrente, já confusa e misturada numa nova cultura pouco culta, que com noções mal formadas e contraditórias, nega os papéis e a noção de equilíbrio hierárquico, que naturalmente deve existir nas instituições. Perdendo a noção da real importância e finalidade do exercício da cidadania em democracia, e essa falta de consciência política, sempre preteria ao futebol e à mediocridade é que permite existirem escândalos, corrupção, injustiças sociais, desemprego e pensões de reforma miseráveis.

Só uma visão *humanista* e tendo o Ser Humano como centro das opções políticas e económicas poderá corrigir estes erros, numa sociedade de diálogo e assim evitar uma catástrofe que nos coloque de novo em regimes ditatoriais.

28

O 4.º PODER E A CRISE
DA GRANDE IMPRENSA - I

A imprensa livre e tradicional, formada por gigantes da informação, está em crise, de tal modo que nos primeiros dias de agosto caíram três dos gigantes da informação estadunidense, os centenários *The Boston Globe* e o *The Washington Post*, este ultimo fundado em 1877, e muito famoso pelo escândalo do Watergate, que derrubou em 1974 o Presidente *Richard Nixon*, mas não é só nos diários que aconteceu este fenómeno, também uma conceituada revista semanal de grande informação a *Newsweek*, e ao todo estes três grandes títulos, abalam o mundo da imprensa, lançando a dúvida de como se desenvolverá a informação do futuro.

O que se vislumbra à primeira vista, é a crise da imprensa, que perdeu gradativamente terreno face a outros meios de informação, como a internet, em particular a busca dos leitores por novas formas de informação como o Tabletes ou os telemóveis (celulares) de ultima geração, no qual os leitores acedem ao portal de noticias e à informação de uma forma mais rápida, mais barata e também mais especializada em determinado tema, que no jornal de grande informação. Pelo que a crise na imprensa não é apenas de venda, sobretudo a venda de espaço publicitário que tem vindo a ser maior para o formato digital que o papel, e a publicidade é o fundamental meio de financiamento da imprensa escrita, há que ter em conta que o mundo da informação é pautado pelo interesse do lucro, mas também da influencia sobre os consumidores e não menos sobre os eleitores.

Posto isto, a equação imediata é a do controlo da imprensa por grupos económicos, que à partida nada ou quase nada tem a ver com a imprensa, nomeadamente o empresário estadunidense que comprou o The Boston Globe é detentor de clubes desportivos nos EUA e no Reino Unido, a Newsweek, foi adquirida pelo grupo de edição digital a IBT Média, pelo que a revista será apenas editada no formato digital a partir de janeiro de 2014, a edição de papel terminará em dezembro do corrente ano, de forma semelhante o The Washington Post, foi adquirido pela Amazon, por 250 milhões de dólares o que revela o interesse da edição digital como segmento de mercado, em detrimento da tradicional edição de papel, que marcou gerações inteiras, mas também que foi instrumento de exercício da cidadania e consciencialização em momentos cruciais da história do século XX, na nova imprensa que nasce, fragmentada e segmentada em especialização diversa, a verdadeira informação e a liberdade de expressão precisam ser discutidas, porque ficam mais longe do grande público que vai atrás da cantiga da sereia de uma época em que a cultura é massificada, fruto dos Media (rádio, TV, Imprensa escrita e digital) que são hoje grandes empresas que visam lucro, e que não deixarão de ser instrumento de interesses políticos e económicos. Resta-nos saber se ainda se poderá falar no 4º Poder.

É assustador estarmos perante a incógnita da informação do futuro, pois na realidade há uma luta pela manipulação das massas, desde o fim da II Guerra Mundial que se tem intensificado, sobretudo nos anos 50, 60 e 70 tempo em que a imprensa desempenhou um papel fulcral na consciencialização política e na consolidação da democracia, tal como ocorreu no

Brasil e até em Portugal, hoje a imprensa dividiu-se em vários temas especializados e temáticos, dispersando a atenção dos problemas globais da população. É um novo mundo, um outro.

18/08/2013

29

O 4.º Poder e a Crise
Da Grande Imprensa - II

A crise na grande imprensa internacional permanece, recentemente foi feita a alteração de um já consagrado título da imprensa internacional, o *IHT International Herald Tribune*, que mudou de nome para *International New York Times*, uma vez que já havia sido anunciado em 2008 pela direção do jornal nova-iorquino, que havia adquirido em 2003 na totalidade o jornal que outrora tinha parceria com o *The Washington Post*, o presente jornal tem a sua sede em Paris, desde a fundação como "*Paris Herald*" que era então a edição internacional do já extinto *New York Herald Tribune*.

A alteração do título, é no fundo fruto de um jogo de marketing e de defesa de uma posição cimeira, do New York Times, sobre o seu rival, *Washington Post*, que agora foi por sua vez adquirido recentemente pelo patrão da Amazon (ver artigo **O 4º Poder e a Crise na Grande Imprensa I**) e além disso é uma forma de reagir ao novo papel da empresa num mundo em constante mudança, em que os meios audiovisuais e informáticos dominam, surgindo novas formas de imprensa, e de difusão noticiosa, sobretudo pela Internet e por sua vez o grande papel das redes sociais, e de gigantes como a Amazon,

Google, Yahoo entre outros grandes motores de busca, ou portais que fazem da noticia, o seu negócio.

A crise na imprensa não é um aspeto meramente económico, mas sim, engloba uma dimensão cultural, em que se poderá ditar a moda, e influenciar os modelos de consumo de milhões de leitores, clientes ou utentes dos diversos meios de comunicação.

Resta perguntar-nos sobre qual é e onde está, o papel da imprensa, sobretudo a imprensa livre, e de que modo é que a imprensa o cumprirá de uma forma funcional no contributo de informação credível e livre para as populações em geral, pois a liberdade de imprensa não se limita à liberdade de expressão, mas sim à sua independência de fatores, tais como o poder político e o poder económico, para que possa cumprir assim o seu papel de informador e promotor da verdade tão necessários a um Estado de Direito, e a uma sociedade.

30

É NO PARLAMENTO QUE
SE DECIDE QUEM GOVERNA

Ao contrário do que popularmente se julga, o cargo de Primeiro-ministro, não é elegível, havendo contudo e apenas uma mera tradição política na jovem democracia portuguesa, em que os Presidentes da República têm vindo a respeitar, ao nomear assim, o líder do partido ou da coligação mais votados, mesmo que com maioria simples.

Foi assim com Mário Soares em 1976 (PS) e com Cavaco Silva em 1985 (PSD) nomeados por Ramalho Eanes, voltando o mesmo a suceder-se com António Guterres em 1995 nomeado por Mário Soares e em 1999 por Jorge Sampaio, tendo ocorrido o mesmo com o segundo governo de José Sócrates (PS) em 1999 nomeado por Cavaco Silva.

No entanto no sistema parlamentarista ou mesmo semiparlamentarista, o governo emana do Parlamento, quer isto dizer que o facto de haver um partido com maioria relativa, não obriga o Presidente da República a nomear e empossar um governo dessa força política, se tal não der indícios de ser estável ou de poder obter apoios parlamentares para que haja governabilidade no país. Assim, o PR pode nomear um governo que saia de um entendimento parlamentar pós-eleitoral, não sendo obrigado a nomear apenas o partido mais votado, o que tornaria o sistema parlamentarista nulo.

Posto isto, podemos observar, que uma dada corrente política (por exemplo de direita) vença as eleições com uma maioria relativa, se no entanto a maioria dos assentos parlamentares for de uma corrente oposta (esquerda por exemplo), o governo poderá ter grande dificuldade na aprovação do seu programa e projetos, logo o PR vê-se no dever de nomear um governo de coligação pós-eleitoral.

Pelo que o parlamentarismo mostra ser um sistema político mais flexível e até viável que o Presidencialismo em alguns países, todavia, a dicotomia entre esquerda e direita e a falsa mensagem da eleição do Primeiro-ministro, torna os eleitores portugueses reféns do *voto útil*.

25/09/2015

31

EM DEMOCRACIA NÃO DEVIA HAVER LUGARES ELEGÍVEIS

O sistema político português permite que os candidatos a deputados sejam escolhidos pelas cúpulas partidárias, ou seja de acordo com a opinião e os gostos dos líderes dos partidos políticos, limitando-se o povo, a votar meramente num Partido, sem que possa escolher o seu representante para o Parlamento, ao contrário do que acontece noutros países onde se vota nominalmente, ainda que o candidato esteja vinculado a uma força política.

Além das escolhas para os candidatos e dos respetivos lugares elegíveis para o Parlamento, os principais partidos não respeitam a representatividade democrática das bases partidárias, ou seja, a lista não surge de eleições primárias, nem sequer tem o critério da origem ou residência geográfica dos candidatos, que por vezes são eleitos em círculos eleitorais Distritais dos quais não são naturais e nem sequer residentes.

De acordo com o exposto acima, resta-nos referir que o único partido em Portugal que realizou eleições primárias para a escolha de candidatos às próximas eleições legislativas de 4 de outubro, foi o **Livre/Tempo de Avançar**, com o fim de ter uma lista democraticamente surgida da vontade das bases, e abriu as portas a que cidadãos independentes votassem nas primárias.

Facto é que os grandes partidos não procuram satisfazer as populações locais, ouvindo, quer os populares, quer as suas bases partidárias, tantos nas freguesias e concelhos como nos distritos, neste sentido a democracia fica debilitada.

Além do que acima foi dito, resta salientar que ficam os eleitores reféns do jogo de alternância política, pensando eleger o Primeiro-Ministro, cargo que aliás não é eleito mas sim nomeado.

03/08/2015

32

ATAQUE AO CHARLIE HEBDO
NO CORAÇÃO DA DEMOCRACIA

Hoje estamos todos de luto, atacaram a democracia, derramando sangue de homens livres, no coração da liberdade.

O Mundo está chocado, a liberdade de expressão e o humor estão de luto, o humor de pessoas, cuja profissão era de nos fazer rir, e mostrando que com humor e com sátira podemos encarar o afã da vida com uma maior leveza.

O Ataque na manhã de 7 de janeiro, ao semanário francês de sátira e humor, Charlie Hebdo, é também um ataque à democracia, aos direitos fundamentais da pessoa humana, em especial à liberdade de expressão à qual se vinculam os valores do Estado de Direito.

A religião, quando usada como motivo, para atos de terror e violência, não é religião, nem sei bem como se pode classificar, mas parece ser meramente um instrumento de dominação, subversão e manipulação do poder.

Não pode ser permitido que tal se repita, em qualquer país que se entenda por Estado de Direito, a liberdade de pensamento, expressão, associação política, cultural, artística e até religiosa não podem ser colocadas em causa.

É momento de pela força, pela justiça, pelo direito de todos os cidadãos, exigir que a Europa faça uma política de segurança em prol da preservação da democracia dos Direitos Humanos, e fundamentalmente da Liberdade de expressão.

07/01/2015

Parte V

Pessoas

33

PABLO NERUDA
UM POETA HUMANISTA

Pablo Neruda nasceu no Chile na cidade de Parral, em 1904 no dia 12 de julho, tendo sido batizado com o nome de Ricardo Eliécer Neftalí Reyes Basoalto.

Neruda nasceu numa família humilde, filho de um operário dos caminhos-de-ferro (José Reyes Morales), e de uma professora (Rosa Basoalto Opazo) que não chegou a conhecer devido a ter sido morta quando Neruda ainda era bebé. O seu nome foi legalmente modificado para Pablo Neruda, pseudónimo adotado na juventude seguindo a influência do escritor Checo Jan Neruda.

Formou-se em Pedagogia na Universidade do Chile em Santiago, mais tarde vai para a carreira diplomática e chega a ser Embaixador do Chile em Rangun (Birmânia), entre outros países esteve em Espanha, mas foi afastado devido à Guerra Civil Espanhola.

Conotado com a ideologia comunista é apoiante de Salvador Allende, que vence as eleições pelo Partido Socialista coligado com o PCC Partido Comunista Chileno.

Recebera o Prémio Nobel da Literatura em 1971, e fora convidado por Salvador Allende para ler poesia para mais de 70 mil pessoas no Estádio Nacional de Santiago do Chile.

Foi proscrito pelo regime de Augusto Pinochet, e morreu pouco depois, com cancro da próstata, no ano seguinte foram publicadas postumamente as suas memórias "Confesso que vivi".

Da sua extensa obra de poesia destacam-se "Vinte poemas de Amor e una canción desesperada", "Canto General", "Crepusculário", "Confesso que vivi" entre outros.

10/08/2011

34

A VIDA E A OBRA
DO JUDEU KARL MARX

Karl Marx, nasceu no seio de uma família judia, no ano de 1818, na cidade de Trier, situada no Estado da Renânia e no Reino da Prússia, à época do seu nascimento já haviam decorrido quatro anos após a Criação da Liga Alemã, uma união de 39 Estados soberanos com o Parlamento em Frankfurt e o poder político concentrado na Áustria, isto ocorreu após o fim das Invasões napoleónicas, e a consolidação é feita através do Congresso de Viena, no qual um dos objetivos determinantes era sem dúvida, combater as ideias da revolução francesa e as revoluções liberais que se alastravam pela Europa.

É este conjunto de circunstâncias que vai formar o pensamento de Marx, baseado na época em que se desenvolvia a industrialização e cujas relações conturbadas no seio da sociedade do seu tempo, influenciam e marcaram profundamente a orientação ideológica de Karl Marx e do modo como interpretou a história, a política, a economia e fundamentalmente a sociedade advinda da Revolução Industrial emergente.

Este artigo não visa ser um texto exaustivo, e nem tem a possibilidade de o ser, apenas um mero artigo inicial, que será desenvolvido pelo leitor através das obras em PDF para baixar e ler, tanto da autoria de Karl Marx como sobre a sua biografia.

Os Primeiros anos

Marx era o segundo de nove filhos de Henriette (judia holandesa) e de Herchel um advogado judeu; Mordechai o avô paterno de Marx, era Rabi na sinagoga de Trier, mas seu pai para contornar o impedimento de exercer o serviço público por ser judeu, mudou o sobrenome para Marx e converteu-se ao Cristianismo Luterano, julga-se no entanto que o pai de Marx tenha mantido as tradições judaicas em segredo.

A Vida Familiar

Marx casou com Jenny Von Westphalen a 19 de julho de 1843, dessa união nasceram sete filhos, mas devido às duras condições de vida, só chegaram à idade adulta apenas três, Janny Caroline, Janny Laura e Janny Julia Eleanor, no entanto teve também um outro filho com a empregada da família e amante Helena, o menino chamava-se Friederich.

Apesar das dificuldades vividas em Londres por Karl Marx, este sendo um homem culto, procurou dar também às suas filhas cultura e a melhor educação possível, tendo proporcionado às suas filhas aulas de desenho, piano e canto, em parte fruto das suas origens burguesa e judaica, em parte por ser um dos seus ideais, considerando que a liberdade dos assalariados também passa pela aquisição de cultura e esta é fonte de uma forte consciencialização social e política.

A Formação Académica

Marx iniciou os seus estudos universitários em Bonna, para estudar Direito, tendo no entanto desistido do curso de direito, ingressando no curso de Filosofia após transferir-se para a Universidade de Berlim, onde teve como professor o filósofo alemão Hegel como seu professor, e de quem recebeu uma enorme influencia, contudo os estudos de Karl Marx não se fizeram apenas nas cadeiras universitárias, pelo que foi um continuo investigador de ciências económicas, sociais, e de tal forma que o seu pensamento tem influência hoje em variadíssimas áreas cientificas que vão da sociologia à psicologia social, passando pelo direito, economia, ciência política e até na teologia, de forma clara partindo dos seus estudos de análise social e económica multidisciplinares.

O Pensamento Filosófico de Marx

O seu pensamento tem como base de estudo, o desenvolvimento de uma leitura da sociedade do seu tempo, baseada nas relações de classe e de poder político das elites dominantes e a estrutura histórica e social que sustentava essa organização social. Por extensão à dialética hegueliana, Marx faz uma análise histórica do desenvolvimento das sociedades, desde a Pré-história às grandes civilizações, a partir da evolução histórica; E aqui temos uma forte influência da dialética de Hegel, no seu pensamento, Marx no entanto critica o seu antigo professor, porque o idealismo hegueliano via a filosofia a influir na realidade, ao contrário do pensamento marxista, que concebe a filosofia a partir da realidade, e para haver uma mudança social e transformadora é preciso um pensamento de cariz revolucionário.

No que concerne à filosofia da história, analisa as relações sociais, baseado em estruturas económicas e políticas, que de revolução em revolução social, desenvolvem novas formas de organização politica e económica, mas tendo como aspeto central a exploração do homem pelo homem. Neste sentido, do clã pré-histórico, ao esclavagismo, passando pelo mercantilismo colonialista, ao capitalismo, Marx crê que o fim da História seria o auge de uma sociedade sem classes, onde fosse suprimida a exploração do homem pelo homem, e isto só poderia ser a evolução do capitalismo em direção à socialdemocracia, por sua vez ao socialismo e por fim o comunismo, ou seja a sociedade comum, sem classes.

Quanto ao criticismo religioso, o materialismo dialético de Marx, dito de ateísmo materialista, não é necessariamente um dogma religioso da descrença de uma divindade criadora, sabe-se através da correspondência que mantinha com Engels, que acreditava e tinha fé, sendo crítico sim da religião como instrumento de manipulação das classes dominadas.

A Obra Marx

Marx é considerado mais como um pensador, um filósofo e um economista, mas na realidade a importância da sua obra incide muito nos estudos sociológicos; O seu contributo para a Sociologia é tão grande, que até mesmo dentro do corpo teórico do Serviço Social, podemos encontrar a corrente Marxista, e não falamos aqui de um marxismo político, mas de uma leitura sociológica feita por Marx e que é aplicada na práxis do trabalho social, a luta fundamental de Marx, pode resumir-se em Justiça Social.

Do total da sua obra, podemos considerar como o expoente máximo, envolvendo várias das áreas acima citadas, "O Capital", obra escrita em 4 tomos, que escreveu durante longos anos e que só foi terminado pela colaboração do amigo Friederich Engels, que publicou os últimos tomos após a morte de Marx, sendo um dos livros mais publicados na história da filosofia e ciência politica e económica, no entanto não devemos ficar por aqui, a obra de Marx é mais vasta e abrangente do que se possa pensar à partida, a sua obra foi obviamente marcante também, por ser um contributo ideológico na Ciência Política, na Filosofia, História e também na Economia,

Marx e o Marxismo

Para se ter uma noção do pensamento de Marx, é preciso dizer antes de mais, que tem hoje em dia uma conotação ideológica que é na verdade um tanto quanto diferente do seu pensamento genuíno, isto porque o Marxismo é comummente identificado com doutrinas políticas que não são genuinamente marxistas no seu sentido restrito, tais como as alterações ideológicas feitas pelo pensamento de Vladimir Lenine, Josef Stalin, Leon Trotsky e Mao Tse Tung.

Posto isto, por outro lado, o Marxismo pode ter conotações meramente científicas, que partem da sua análise sociológica, histórica e da dialética hegueliana dos seus estudos no campo da sociologia, história, economia, e também do serviço social, mas teve sobre maneira uma influência crescente nos meios intelectuais, académicos e operários sindicalistas, no fim do século XIX e início do Século XX.

A Morte de Karl Marx

Marx morreu em 1883, de bronquites dois anos após a morte de sua mulher, que o deixara deprimido e fisicamente debilitado, tendo sido sepultado em Londres a cidade onde vivia.

05/07/2013

35

PEPE MUJICA
UM PRESIDENTE EXEMPLAR

Outrora denominado de Província Cisplatina, o Uruguai, um dos países do sul do continente americano, que já pertenceu à Espanha, a Portugal e ao Brasil, tornou-se livre e independente em 1828 com o Tratado de Montevideu que pôs fim a uma guerra entre este e o seu ultimo colonizador; Hoje o Uruguai é um país que é conhecido como a Suíça americana, e pode ter a solução para a crise política, social e económica em que alguns países do velho mundo se encontram, sobretudo no que toca a uma classe politica cada vez mais desacreditada, e tudo isto pelo facto de o povo uruguaio ter eleito para Presidente da República um candidato de esquerda, um homem simples, que chega ao coração das populações, pelo modo coerente e transparente como vive e exerce a política, tendo sido eleito pela *FA Frente Ampla*, força política que foi constituída em 1971, tornada ilegal durante a ditadura militar e que voltou à atividade com a restauração da democracia em 1985, sendo uma aliança formada por vários partidos como o MPP Movimento de Participação Popular, PS Partido Socialista, PCU Partido Comunista do Uruguai.

José Mujica é o nome do presidente do Uruguai, agricultor, filho de imigrantes italianos, nasceu em 1935 na cidade de Montevideu, Mujica teve um papel importante na luta contra a ditadura, e do ativismo politico pode-se contar a guerrilha da qual participou com os **Tupamaros** nos anos sessenta, dessas suas atividades clandestinas, logrou perseguições, ferimentos de bala, a prisão e a tortura por várias vezes, saindo em liberdade com a amnistia dos presos políticos em 1985, e cria o MPP dentro da Frente Ampla, tendo exercido a política como deputado, senador, em 2005 foi nomeado ministro da Agricultura, Agropecuária e Pescas, e desde 2010 é Presidente do Uruguai.

A diferença de Mujica para todos os outros presidentes anteriores do seu país, mas também destoando com todo o Mundo, é o facto de exercer o seu cargo de forma transparente e com a máxima simplicidade possível, e neste sentido mantêm-se a viver no seu terreno agrícola, vai para o trabalho de Volkswagen (fusca/carocha) e do seu ordenado doa cerca de 90% para ONG's, afirmando que o que sobra é suficiente para as suas despesas, mas acima de tudo as suas quatro metas de governo, marcam pela positiva, escolhendo **Educação, Segurança, Meio Ambiente e Energia**, como os quatro pilares do seu projeto político para o futuro dos uruguaios.

Mujica promove o seu projeto político com uma visão arrojada, e no intuito de obter o consenso e a coesão necessária para tal, convocou os partidos da oposição a participarem de comissões de observação e elaboração de projetos políticos e propões simultaneamente uma reforma da administração política.

Um dos motivos pelos quais cativa a simpatia do povo é a sua coerência entre o que fala e o que vive, e no seu discurso de tomada de posse, José Mujica afirmou que tem também como objetivo a erradicação da indigência e a redução da pobreza em 50%, através obviamente de políticas públicas que visem a justiça social e a equidade, por outras palavras um governo de cariz humanista, algo ainda muito distante nos palcos do velho mundo.

03/12/2012

36

EDUARDO GALEANO
O GRANDE PENSADOR URUGUAIO

Há ainda quem não tenha tido o privilégio de conhecer a obra, o génio e a alma, daquele que foi o grande poeta e pensador latino-americano o uruguaio Eduardo Galeano.

Confesso que também eu, só muito recentemente tomei conhecimento deste grande pensador, e isso tornou-me mais rico, na medida em que aprendi muito, e no que também me revejo em muito do seu pensamento profundo, livre, criativo, poético, humanista e detentor de uma crítica acutilante, marcadamente presente no seu livro As Veias Abertas da América Latina, editado em 1971.

Infelizmente Galeano deixou-nos pobres e tristes com a sua partida, aos 74 anos, cheguei a lembrar-me de um salmo em que diz: "A vida é até aos setenta anos, o resto é cansaço e enfado".

"Há que lutar por um mundo que seja a casa de todos e não apenas a casa de alguns, e o inferno da maioria."

Foi com Galeano, numa entrevista que deu, que melhor percebi para que servem as utopias, pelo seu modo muito poético e criativo no seu modo de falar, de acordo com a frase de um cineasta argentino Fernando Birri, que disse assim: "A Utopia está no horizonte, e sei que nunca a alcançarei porque se eu caminhar dez passos, ela distancia-se também dez passos mais, e quanto mais eu a procuro menos a encontrarei, porque se afasta sempre à medida que caminho, e então perguntamos para que serve a Utopia? Serve para isso, para caminhar".

05/06/2015

37

PEREIRA DE MOURA
UM PROFESSOR NA RESISTÊNCIA

Gostaria de deixar escrito aqui, um artigo que iniciei na Wikipedia, sobre um tio meu, cuja memória me é muito querida, pois sempre senti muita afinidade e admiração por ele, quando eu era pequenino apenas o conhecia por Tio Chico, onde todos os anos ia passar à sua casa as noites de Natal com toda a família, lembro-me ainda que a casa do meu tio tinha as paredes repletas de livros, do teto ao chão, do hall de entrada, à sala, e até os corredores todos cheios de livros e mais livros.

De seu nome completo, Francisco José da Cruz **Pereira de Moura**, nasceu em Lisboa, a 17 de abril de 1925 — e faleceu a 4 de abril de 1998) foi um destacado economista e professor universitário português,[1][2] licenciado em finanças, em 1950, pelo Instituto Superior de Ciências Económicas e Financeiras (atual ISEG) da Universidade Técnica de Lisboa e Doutor em Economia, em 1961, pela mesma Universidade, Pereira de Moura viria a ser professor catedrático no Instituto Superior de Serviço Social de Lisboa, e mais tarde do Instituto Superior de Economia e Gestão, onde foi professor de grandes personalidades da vida económica e política de Portugal, como João Salgueiro, Francisco Louçã, entre outros.[1]

Opositor do regime salazarista, fundou juntamente com outros companheiros de luta antifascista a Comissão

Democrática Eleitoral (CDE), que viria a dar origem ao Movimento Democrático Português (MDP/CDE).[1]

Participou na vigília da Capela do Rato, onde viria a ser preso pela Direção-Geral de Segurança, a polícia política do regime, e demitido do seu lugar de professor do Instituto Superior de Economia.[2]

Na sequência da Revolução de 25 de Abril de 1974, Francisco Pereira de Moura representou o Movimento Democrático Português (MDP/CDE) como ministro sem pasta no primeiro governo provisório de Adelino da Palma Carlos e no terceiro governo provisório, e foi ministro dos assuntos sociais no quinto governo provisório de Vasco Gonçalves,[1][2] retirando-se no entanto da vida política, com a normalização da situação política e económica em Portugal, regressando ao ensino superior, em Portugal e também no estrangeiro, nomeadamente em Moçambique, deixando vasta obra técnica na área da Economia, dentre os quais o seu famoso livro "Lições de Economia", lançado pela Editora Livraria Medina.

01/01/2008

38

RAIF BADAWI
O DIREITO DE SER BLOGGER

O blogger saudita Raif Badawi, de 31 anos, casado e pai de três filhos, foi condenado pelo uso da liberdade de expressão e pensamento, em artigos no site Rede Liberal Saudita, onde pedia a diminuição da influência da religião islâmica da corrente wahabita, na sociedade e na política do seu país, Badawi é acusado de subversão, mas o mais grave é a acusação de renúncia à fé, o que geralmente pode conduzir à pena de morte.

A família do blogger está a viver exilada no Canadá desde a sua detenção em 2012, e vários ativistas dos direitos humanos, como a Amnistia Internacional, e a Human Rights Watch, movimentam-se em petições para a libertação do blogger saudita.

Dia 9 de janeiro, Raif Badawi recebeu as primeiras cinquenta das mil chibatadas em que lhe foram impostas com punição, cumprindo-as em praça pública na cidade de Riad, capital da Arábia Saudita.

A mulher de Badawi teme que o seu marido não resista à próxima aplicação da pena, de outras cinquenta chicotadas, que está prevista para a sexta-feira do dia 16 de janeiro de 2015.

A Amnistia Internacional, juntamente com outros ativistas, estão a lutar pela libertação do blogger e também para que a liberdade de expressão, como o simples facto de se poder ter um blog possa vir a ser uma realidade na vida social e política saudita.

14/01/2015

39

MEU PAI MANOEL JOÃO LEAL

Meu Pai, uma das pessoas que mais admiro, foi o meu melhor amigo de sempre, Manoel João de Freitas Leal, nasceu na Ilha da Madeira, mais precisamente na Freguesia do Monte, no Funchal a 19 de setembro de 1925, após a morte do pai (o advogado Alfredo de Freitas Leal), a família muda-se para o continente no ano de 1936, tendo-se fixando primeiramente no Bairro da Lapa em Lisboa

Estudou arquitetura na Escola Superior de Belas Artes de Lisboa (ESBAL), em 1954, juntamente com outros colegas, participa da primeira exposição de Arte Moderna na Junta de Turismo de Cascais e nessa mesma época teria criado conhecido o arquiteto Raul Lino, a quem teria dedicado artigos sobre o seu livro, "A Casa Portuguesa" nos "Cadernos de Arquitetura".

Exerceu a sua atividade profissional, principalmente como arquiteto, em particular dedicara-se à arquitetura de interiores e design, continuando simultaneamente a dedicar-se ao desenho e à pintura.

Entre 1960/61 trabalhou em Goa, no que era denominado na altura de *Índia Portuguesa*, composta ainda pelos enclaves de Diu e Damão, o projeto de trabalho consistia na reconstrução de monumentos históricos da Velha Goa, mais precisamente de igrejas católicas que foram construídas ainda no tempo dos descobrimentos, foi um episódio inesquecível pelo pitoresco da paisagem e o exotismo da cultura, além de ter convivido de perto com o Governador no palácio em Goa, todavia o trabalho veio a ser interrompido por força da invasão do exercito indiano e a anexação das possessões portuguesas à União Indiana por ordem de Nehru o então Primeiro Ministro da Índia.

Entre 1961 e 1969 e posteriormente ao ocorrido na India, Manoel João fundara a primeira loja em Portugal de Decoração moderna, a *"Decor"* com artigos vindos da Suécia e de outros países europeus, contendo também vários artigos do mais moderno design de então.

Posteriormente ingressa na revista "Arquitetura" da qual veio a ser Redator-chefe, mais tarde viria a ser diretor adjunto; Em 1969 ingressara na Radiotelevisão Portuguesa (RTP), sendo chefe do Departamento de Artes Gráficas e Visuais, simultaneamente a este cargo, organiza em setembro de 1970 uma exposição a pedido da Sociedade de Porcelanas de Alcobaça (SPAL), relativa ao primeiro concurso de Design Industrial realizado em Portugal; Fez parte do Júri juntamente com José Augusto França, Fernando Távora e Francisco Conceição Silva. Trabalhou como arquiteto de interiores de 1972 a 1975 em associação com outros arquitectos como Emauz Silva, Moura George, entre outros, tendo feito a reforma de alguns teatros e cinemas de Lisboa, destacando-se os cinemas Roxy, Cine Alvalade, entre outros.

Em 1972 é convidado pela Fundação Calouste Gulbenkian para um debate sobre a Reforma do Ensino Artístico em Portugal, nesse ano participa do Projeto de uma Praça Pública com Escultura na urbanização de Olivais Sul.

De 1976 emigra para o Brasil, tendo-se fixado em São Paulo, cidade onde morou até ao ano de 1992, nesse exílio voluntário por Terras de Vera Cruz, trabalha no em

Arquitetura de Interiores, Design e Pintura; Foi aliás na longa estadia de São Paulo que encontrou mais estimulo e oportunidade de se dedicar à pintura onde realizou exposições: Espaço Escarpa em 1984, Galeria Humberto em 1986, Galeria Paulista em 1990 entre outras exposições coletivas.

Depois de voltar a Portugal em 1992, regressa a Lisboa , dedicando-se à pintura; Em 2001 foi à grande Retrospetiva do Pintor Balthus no Palazzo Grassi na Bienal de Veneza, dessa viagem, mesmo não tendo estado ao lado de meu pai, o modo como descreveu a exposição, e sobretudo o que é estar naquela cidade, fazia-nos sentir como se nós mesmos tivéssemos ido.

Desde criança sinto que por trás de um bom profissional há sempre um grande homem, um grande amigo, e sobretudo um ótimo pai; Em 2013, aos 88 anos, sofreu um acidente cardiovascular, tendo ficado com sequelas, desde então, viveu os últimos anos em Sintra na companhia do seu companheiro, cuidador e melhor amigo, o meu irmão Miguel.

Em 17 de fevereiro partiu, creio que na certeza de ter cumprido a sua missão neste mundo.

Não há para mim, lugar mais sagrado que a memória de um ente querido, guardado nas lembranças dos mais felizes momentos vividos. Afinal é todo o que levamos, todo o resto deixamos cá, a nossa obra, a nossa missão cumprida.

Este artigo foi inicialmente escrito em 2009 e atualizado em 2017.

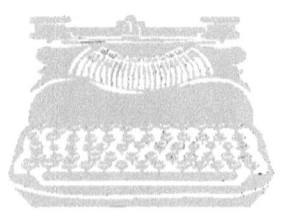

Parte VI

Etcetera

39

DO SOLIS INVICTUS AO NATAL DE HOJE

Eis um tema interessantíssimo, que nos relata um pouco da História do Natal e de factos curiosos, esta festa tão grandiosa e com uma abrangência mundial que tanto encanta, mas da qual se sabe pouco, no que se refere à origem do Natal.

A História

Na antiguidade do Império Romano, celebrava-se a 25 de dezembro a festa de **Solis Invictus**, de cariz pagão, que tendo sido instituído pelo Imperador Aureliano (adorador do Sol, como deus) decidiu instituir o Sol como o deus máximo do império romano, e o dia de Solis Invictus como dia de comemoração desse deus, e principal efeméride do império de nome completo *"deus Solis invuctus"*, *traduzindo para o português significa "deus sol invencível) e comemorava-se também o* solstício de inverno.

Com o advento e ascensão do Cristianismo católico, a Igreja tenta apagar os vestígios pagãos, dando um significado cristão às festas, passando a usar o dia 25 de dezembro para simbolicamente comemorar o nascimento do Messias o Salvador, embora não se saiba o dia do nascimento de Jesus. Isto ocorreu apenas no séc. IV, logo a origem do Natal não é de facto bíblica. Mas com o propósito de cristianizar foi encarado como sendo válido, inclusive os meses de Kislev e Tevet (novembro a janeiro) são meses frios e chuvosos, e isso contrasta com a presença de pastores referidos segundo a Bíblia na altura do nascimento de Jesus. logo a data de dezembro é apenas simbólica do nascimento de Jesus, pois o menino Messias terá nascido alguns meses antes.

Os Símbolos Natalícios.

Os símbolos religiosos dos primeiros cristãos, fosse para que celebração fosse, eram sempre os símbolos judaicos, mas com o tempo e a expansão do cristianismo e a separação deste face ao judaísmo, começaram a aparecer novos símbolos inclusive os do Natal, como São Nicolau, denominado de **Pai Natal** ou **Papai Noel** ou **Santa Claus** também é a desvirtuação de um santo católico, Nicolau, que terá nascido na Turquia, chegando a ser Bispo em Mira na Grécia, após a sua morte foi sepultado em Bari na Itália onde se encontra ainda o seu sepulcro.

Por outro lado a introdução da ***Árvore de natal*** é mais recente vinda do norte da Europa, terá tido provavelmente origens da religião e tradições druídicas dos países nórdicos, hoje está comummente associada ao Natal, mas também com um forte sentido consumista, fazendo perder gradualmente o seu conteúdo religioso.

Hoje em dia, o *Pai Natal* moderno nada tem a ver com um senhor gordinho de barbas brancas, e vestido de vermelho, ou tendo vindo da Lapónia num trenó puxado por renas, essa foi uma adulteração que sofreu pouco a pouco à medida que se desvinculava o caráter religioso da festa e se atribua mais o simbolismo do consumo. E nesse sentido até a cor vermelha é fruto de uma campanha de marketing promocional levado a cabo pela Coca-Cola em 1906, vestindo o bispo de vermelho para aumentar as vendas da milagrosa bebida que antes era vendida em farmácias.

Nos países católicos, manteve-se por muito tempo uma grande resistência aos novos símbolos do Natal, o espaço era para o Menino Jesus, que era quem dava as prendas, Maria e José mais o menino estavam presentes no **Presépio**, que por iniciativa de São Francisco de Assis por volta do ano de 1220, e que era a representação iconográfica das personagens e do cenário bíblico do Novo Testamento à época do nascimento de Jesus Cristo. A etimologia da palavra presépio vem do latim e significa curral, estrebaria, formado pelas palavras _Prae_ = À frente, e _Saepes_ = fechado.

A **consoada**, ou ceia, é a refeição que se toma a seguir à missa do galo, e quando as pessoas voltavam para casa, então ceavam, unia as famílias, havia a Missa do galo, mas tudo isso tem vindo a desmoronar com um Natal capitalista, onde até os Chineses, fabricam árvores de natal e enfeites de natal para espalhar por todo o mundo.

A todos que nos acompanham e que nos apoiam, um grande voto de um Natal Feliz, e de um Ano Novo de 2012 com uma atitude mais humanista connosco mesmos, com o próximo, a comunidade e o mundo.

40

JUDAÍSMO, O BERÇO DA CIVILIZAÇÃO

O Judaísmo, não é uma religião marcada por dogmas profundos, antes pelo contrário, no judaísmo ou mais precisamente na Torá, não se define a divindade, o antes da vida, e o post-mortem, não são estas ideias ou preocupações o centro do judaísmo, o que faz esta religião ser tão especial, é que do seu cunho surgiram as duas grandes religiões da revelação ou do livro, o Cristianismo e o Islamismo, mas o judaísmo não é uma mera filosofia de vida, é fundamentalmente a religião de um povo que não definindo D-us, conhece-o e relaciona-se com Ele de um modo peculiar de geração em geração, séculos após séculos, com uma verdadeira devoção a um D-us, que não pode ser definido nem representado por imagem alguma, a não ser pela imagem do amor que tem para com seu Povo.

A oração judaica mais conhecida, é por excelência a melhor definição do que é o judaísmo e de quem são os judeus, ou qual o seu propósito, o **"Shmáh Yisrael"** que diz "Ouve Ò Israel, o Senhor é o teu D-us, o Senhor é Um", e continua, "Amarás ao Senhor, teu Deus, com todo o teu coração, com toda a tua alma e com toda a tua mente", o que equivale a dizer que a fé em D-us dá-se não só pela adesão, mas uma adesão completa de corpo, mente e espírito.

A aliança com Abraão e os Patriarcas. (1800- AEC)

O Judaísmo é a primeira religião monoteísta da história, foi a partir de Avraham que o Senhor D-us fez uma aliança, a chamada "Aliança Abraâmica", foi então que D-us fez de um só homem, a partir de Ur na Babilónia disse a esse homem para sair de sua terra em direção a Canaã, a Terra Santa, e dele fez um povo numeroso que seria e é o "Povo Eleito", daí pai de nações é o significado do seu nome, devido ao facto de ser o patriarca das três grandes religiões da revelação, chamadas de religiões Abraâmicas, ou monoteístas: o Judaísmo, o Cristianismo e o Islão, em Abraão encontram-se Moisés, Cristo e Maomé.

Mas o mais curioso é que Abraão e Sara não conseguiam ter filhos, e Abraão duvidava, até que teve um filho com a escrava da sua mulher Agar e nasceu Ismael, mas o Senhor não queria assim, quis sim um filho legitimo vindo de Sara que foi mãe aos 90, Abraão foi pai aos 100, e a Aliança dizia que aos 8 dias o menino e todo o varão do clã de Abraão teriam de ser circuncidados, daí o nome do filho é Isaac, que junta os números cabalísticos 100, 90 e 8 da raiz do verbo rir. No entanto D-us testa a fidelidade de Abraão, e após mandar expulsar para o deserto Ismael e sua mãe, pede o sacrifício de Isaac, e vê a sua fidelidade absoluta, dando-lhe em troca um cordeiro sacrificial, daí vem a tradição hebraica de sacrifícios no templo, contrastando com os outros povos bárbaros que cometiam infanticídios e sacrifícios humanos em nome de deuses falsos.

O cativeiro no Egito e o Êxodo. (1650-1260 AEC)

Após Abraão, Isaac foi pai de Jacob que o anjo mudou o nome para Israel, este de 12 filhos dos quais se formariam as dose tribos de Israel, seus filhos são Rúben, Simeão, Levi, Judá, Dã, Naftali, Gade, Aser, Issacar, Zebulom, José e Benjamim e uma filha Diná.

José, através do qual o clã desceu ao Egito, onde o povo acabou por viver em cativeiro por 400 anos, como havia sido dito pelo próprio D-us a Abraão. É no cativeiro do Egito, que nasceu um líder que os irá libertar Moisés, que se revoltando descobre as suas origens hebraicas e de ter sido salvo das águas de um rio por uma princesa egípcia de nome Seth.

Vai para o deserto e de lá casa, tem filhos até que D-us o chama no cume do monte do Monte Horeb, onde D-us o nomeia libertador do povo hebreu.

Após as sucessivas investidas de Moisés e Arão, e as pragas de D-us culminaram na fuga do povo hebreu do Egito, através do mar Vermelho o povo pisou chão seco e o atravessou em direção a 40 anos no deserto.

Nesse tempo Moisés dá a partir do Monte Sinai, os 10 primeiros dos 613 mandamentos da Toráh, que é a Instrução do judaísmo, e criou-se o Tabernáculo, ninguém daquela geração entrou na Terra Santa.

A Conquista da Terra Santa (1200-1055 AEC)

Após a conquista gradativa da Canaã, com o seu líder Josué e o seu desaparecimento, criou-se um vazio, pois não havia uma unidade nacional, o país estava dividido em 12 tribos, liderados por seus próprios Patriarcas, tendo apenas a religião, a língua e as tradições culturais como ligação, cada tribo tinha os seus Juízes, que eram homens santos ligados à Religião e à observância da Toráh bem como aos sacrifícios no Tabernáculo.

Mas o povo, entendeu que só uma monarquia forte, como tinham os países vizinhos, e portanto um Rei que os unisse, é que lhes poderia proporcionar vitórias, conquistas e paz.

Assim o Juiz Samuel nomeou Saul da tribo de Benjamin como o primeiro Rei de Israel unificado.

O Reino Unificado de Israel (1055-931 AEC)

Uma vez coroado Samuel, começa a governar Israel e o conduz em vitórias, mas começou a entrar em decadência ao cometer transgressões no seu reinado, que o levaram a perder a graça divina, ao invés de se reabilitar Saul cometeu pecados mais graves que acabaram por lhe custar a vida na sua ultima batalha, e lançar o pais na Guerra Civil pela sucessão, opondo o filhos de Saul a David, este último já havia sido nomeado por Samuel, para o substituir, e só assumiu o Reinado de Israel após a morte de Isboset I, filho de Saul.

O reinado de David foi dos mais notáveis da História de Israel, conquistando Jerusalém e fazendo dela a Capital do Reino de Israel, no entanto não Conseguiu construir o Templo, o que só foi realizado por seu filho Salomão, rei de grande sabedoria. Foi um rei amado por muitos, tanto de Israel como de reinos vizinhos, Construiu o 1º Templo de Jerusalém, mas também cometeu pecados por ter casado com mulheres estrangeiras.

Divisão e Cativeiro (931-586 AEC)

No fim do reinado de Salomão, o Reino divide-se entre Israel e Judá, com diversos reinados e guerras civis encarniçadas, pelo meio o pecado da idolatria, e o castigo seria o Cativeiro da Babilónia e Assíria, o cativeiro teve um impacto enorme na vida e religião do povo Israelita, pois tiveram que adaptar a praticar a religião sem o Templo que fora destruído a 9 de Av, daí o jejum de *Tesha BeAv*. A Toráh foi o grande alicerce do povo judeu no exílio. Desse tempo muitos relatos saíram para a Tanach, como o livro de Ester, o profeta Daniel entre outros livros e histórias que marcaram o povo judaico nesta fase. O que marcou este período foi o aparecimento anterior à conquista de Nabucodonossor, dos profetas que, avisavam e profetizavam o que poderia acontecer, se Israel não se arrependesse de pecar pela Idolatria e desobediência, uma outra consequência do Cativeiro da Babilónia foi a diáspora, e separação de muitos judeus e 10 das doze tribos. Um dos Profetas ditos maiores dessa época, foi Daniel, ele que até hoje tem profecias que se cumpriram no fim dos Tempos.

O Segundo Templo (450 AEC a 70 EC)

Este período Relata, desde a Reconstrução do Templo por Neemias, até à Destruição do Segundo Templo feito por Herodes, já no ano 70 EC pelos Romanos. Passando Claro pela colonização Helénica de Alexandre o Grande.

Os judeus estavam ansiosos por independência, haviam sido colonizados sucessivamente por vários povos uns atrás dos outros, esperavam pois por um líder Religioso que libertasse o país e o conduzisse à prosperidade, daí a espera no Messias. Foi uma época rica do ponto de vista filosófico e teológico, tais como o Rabbi Hillel, contemporâneo de Jesus Cristo, e surgiram também muitos movimentos como os zelotas, essénios entre outros.

A Diáspora e o novo judaísmo (70-1500 EC)

Com o fim das guerras romano-judaicas, e a Derrota de Bar Kochbah, nasce uma nova Diáspora. O massacre de "Massada", os milhares de judeus crucificados, e um povo sem templo, partem por expulsão para o exílio em todas as partes do mundo. Os judeus até então compreendiam grupos como os fariseus, essénios, zelotas, saduceus, nasce o judaísmo caraíta e vem a nascer no judaísmo, o grupo dos nazarenos, que se dividiram em Paulinos e Ebionitas, mas acabaram por se separar do judaísmo recusando lutar ao lados dos judeus na defesa do Templo, pois afirmavam que Jesus tinha previsto tal facto.

O apogeu do cristianismo deu-se com a aceitação de gentios e a simbiose de outras doutrinas como a religião pagã dos romanos entre outros. O que facilitou a igreja a tomar atitudes antissemitas e perseguir os judeus mas também os cristãos que praticassem as leis da Toráh tais como Shabat, alimentação kosher, Pessach etc.

A partir daqui, a extinção de essénios e zelotas e a separação dos Nazarenos, os judeus do grupo dos Fariseus é que tomam conta do judaísmo na Diáspora.

Surge doravante a reforma do judaísmo, que se faz pelo chamado judaísmo talmúdico, os cristãos e os judeus separam-se definitivamente da fé judaica, no ano 70 EC (da era comum), no Ano de 150 EC, a revolta de Bar Cokhba, termina em tragédia no cerco de Massada, Jerusalém é destruída e seria sucessivamente ao longo da História ocupada e reocupada por vários povos, que deixaram sempre à margem o povo judeu, obrigado à exclusão, os judeus são expulsos da sua própria terra, uma vez convertido o Império Romano à nova religião monoteísta, surgirá a prática do antissemitismo, que se prolongará no longo tempo nebuloso da História humana, por mais de 1900 anos, não tendo no entanto conseguido surtir o efeito desejado, da eliminação do povo judeu ou simplesmente da sua fé inabalável em D-us.

O Muro das lamentações tornou-se o símbolo da perseverança e da fé de um povo, que perpetuou na História o seu nome, por mais pequeno que seja perante os povos e religiões da Terra, um povo que viu nascer e cair impérios, do Egito à Babilónia, da Grécia a Roma, entre tantos outros como o Império Otomano, caíram impérios e caíram regimes, das monarquias absolutas e dos seus pogroms, ao fascismo, ao Nazismo e Comunismo, todos caíram, mas o judaísmo está de pé, e os judeus continuam atuantes na história que D-us lhes confiou, e respondendo ao antissemitismo, sobressaindo-se com contributos para a Humanidade em todas as áreas do saber. Assim podemos constatar que o humanismo é um cunho ténue mas permanente no coração da Torá, e na exortação pela solidariedade ao próximo com o anseio da Paz e da Tolerância.

41

HUMANISMO: SERVIR PARA A FELICIDADE

Nada é um fim em si mesmo. É por isso que não me identifico como socialista, comunista e claro, muito menos como um defensor do ideal neoliberal, visto que o que eu deveras defendo é a bandeira do **Humanismo**.

Ou seja, é na **Justiça Social** que deve estar assente o foco de toda a ação politica, económica, social, cultural, cientifica, artística e também religiosa, devem estar obviamente voltadas para a Pessoa Humana.

Neste sentido, tudo tem que girar em torno do conceito de **Servir**, e servir é focar no próximo a razão de ser da nossa ação, não se produz um produto só para obter o retorno do lucro, mas o que se produz, tem de ser **Útil** às pessoas primeiro e à comunidade por extensão.

Isto está muito ligado ao conceito de felicidade, as coisas também tem filosoficamente o seu sentido de felicidade, se alguém escreve e produz um livro, é para que se transmita algum conhecimento ou diversão, caso contrário, nem o seu autor, nem o seu leitor, terão atingido a meta a que o objetivo do produto final se destinava no âmbito da felicidade.

No entanto, hoje vivemos numa inversão desses valores, as pessoas estão a ser usadas para manter vivo o consumo e o lucro, e assim é destruído o âmbito do SERVIÇO e da **Felicidade**, isto acaba por contaminar todo o tecido social, nem sempre foi assim, as sociedades modernas desenvolveram a tecnologia e os níveis de conforto, mas em contrapartida escravizam as pessoas.

A Infelicidade, o suicídio, o divórcio, a adição, o crime, entre outros tipos de anomia social, são frutos da falta de HUMANISMO, ou por outras palavras, da falta de sentido de SERVIR e produzir FELICIDADE para o outro, e por consequência para a comunidade.

Por outras palavras não é em função da sociedade que existe a pessoa humana, nem do lucro, indevidamente deificados, numa sociedade e cultura pretensamente laica, mas antes, é para a pessoa humana que cada um destes elementos deverão estar voltados gerando o Bem-estar Humano, numa comunidade de pessoas acima de toda a cor, etnia, credo, classe social, género ou idade.

13/11/2014

42

A ÉPOCA DA COMUNICAÇÃO
SEM DIÁLOGO

Apesar da utilidade dos Smartphones, o seu uso exagerado, é cada vez mais comum, inclusive cada vez mais torna-se um habito às refeições, as pessoas ficarem ligadas aos telemóveis (celulares) a trocar mensagens, a ver posts nas redes sociais, e assim cada vez menos ficam ligadas a quem está presente à sua frente para conversar, ouvir o que o outro tem a dizer.

O hábito generalizado a nível global, suscitou preocupação de vários sociólogos e também lideres religiosos, entre eles o Papa Francisco, com a sua exortação contra o uso da Televisão e dos telemóveis durante as refeições, como forma de promover o diálogo e os laços fraternais e familiares.

Tem-se vindo a observar na comunidade cientifica, nomeadamente por médicos e psicólogos, uma crescente preocupação com este fenómeno, vindo a advertir os utilizadores para os efeitos nocivos de um hábito com sinais de uma verdadeira patologia social e psíquica, com efeitos nefastos na alimentação e regulação do sono, bem como dos problemas de saúde que podem surgir.

O problema como relata a revista Época (Brasil) é que o vicio, começa de pequenino, na Televisão por cabo, nos videojogos, e na internet, passando ao telemóvel (celular) já com tendência para a adição, pelo que os bons hábitos sociais herdados são completamente destruídos.

Posto isto, sinto-me cada vez mais estranho num mundo que se afasta das pessoas e liga-se à máquina, a nova religião, o novo D-us, que parece ter todos os santos remédios, para todas as malditas maleitas. Ou no fundo uma grande falácia, de um tempo novo em que a Filosofia, a religião e as tradições com todo o humanismo que possam ter, foram literalmente deitadas fora para a lata do lixo, por uma mera cultura de massas, que claramente desumaniza.

Por outras palavras, há a inversão da função dos meios de comunicação, que em vez de aproximar as pessoas e convida-las ao diálogo, vicia-as, e fá-las agastarem-se do seu semelhante, assim e para ilustrar deixo aqui uma celebre frase, *"É o sábado feito para o homem ou o homem feito para o sábado?"*, talvez muitos hoje, terão já esquecido quem a proferiu.

30/11/2015

43

ANTISSEMITISMO: UM PROBLEMA DE TODOS NÓS

A crescente onda de Antissemitismo, que ressurge no solo europeu, não deve ser encarada como um problema apenas dos judeus. É antes de tudo um problema nosso, de todos, de cada um de nós, enquanto cidadãos e pessoas humanas que somos, cabe a todos defender o património comum dos Direitos Humanos, unidos e de uma forma coesa, a uma só voz, mesmo dentro de todo o pluralismo que naturalmente há e deve haver, mas não fragmentados por categorias. Todos somos um.

Enquanto inebriados pelas vitórias futebolísticas, pela febre do consumo possível e pelos espetáculos televisivos, a Europa corre perigo de guerra na Ucrânia, a xenofobia, o racismo e o antissemitismo ganham terreno de uma forma veloz e cada vez mais agressiva, para não dizer avassaladora, judeus tem sido atacados e mortos, à luz do dia em pleno coração da civilizada Europa, que neste domingo deu a vitória à Extrema Direita em França, na Dinamarca e noutros países com votação expressiva como a Holanda a Alemanha e a Grécia.

Como disse acima há o crescente perigo de voltarmos a ver no solo europeu, uma guerra fratricida, mais exatamente na Ucrânia, a tensão aumenta, e meras manifestações atingem as dezenas de mortos, mas mesmo que de uma só vítima se tratasse já seria preocupante o bastante, e na Europa comunitária as pessoas não se apercebem que estão a ser manipuladas em direção a uma catástrofe, o objetivo fundamental de tudo isto é o enfraquecimento político e económico de Toda a Europa em primeiro lugar e da Democracia como regime, em prol de interesses políticos e económicos, que se jogam no xadrez da Geopolítica da guerra e de grandes interesses económicos que os sustêm, enquanto isso, os judeus, os imigrantes, as minorias, os pobres e toda a sorte de excluídos voltam a ser o bode expiatório que é alimentado pela massa ignorante e sedenta de espetáculo.

Estejamos atentos, e que ninguém nos diga por onde ir, se não for deveras o caminho que devemos humanamente seguir, em direção a um porto seguro em que os seres humanos estejam todos em primeiro lugar nas agendas política, social e económica, que as preocupações sejam antes a da inclusão e do Humanismo na promoção do bem-estar social, de modo equilibrado pela balança da justiça social, mas isto depende do nosso querer e da capacidade que teremos ou não de estar conscientes e atentos aos rumos políticos que nos propõem.

44

FRANCISCO, O PAPA HUMANISTA

O Papa Francisco, veio da América Latina, para surpreender os cristãos da Europa e do Mundo, com a sua atitude humilde e simples, mas determinado em mudar o rosto da Igreja, dando-lhe uma nova dinâmica e uma maior dimensão, ao centralizar a pessoa humana de forma mais enfática nos seus discursos.

Eu diria que na minha opinião, poderia chamar claramente este Papa, como sendo um Humanista, num dos seus discurso inflamados, deixa perceber o cerne da sua ideologia que é o de recolocar a igreja a serviço da Pessoa Humana, não raras vezes, arrisca-se, não menos vezes faz discursos que teimam (e bem) em lutar contra o *Stau Quo*.

Um homem não é apenas o reflexo das suas ações, mas acima de tudo, eu creio que um Homem é a coragem das suas palavras, pelas quais se compromete, e essa forma destemida de ser e de falar, é a marca Humanizadora de Francisco I, nas palavras abaixo reproduzidas podemos sentir, essa sua energia, e ele diz o seguinte:

"Não chores pelo que perdeste, luta pelo que tens,

Não chores pelo que está morto, luta por aquilo que nasceu em ti,

Não chores por quem te abandonou, luta por quem está contigo,

Não chores por quem te odeia, luta por quem te quer,

Não chores pelo teu passado, luta pelo teu presente,

Não chores pelo teu sofrimento, luta pela tua felicidade,

Com as coisas que vão acontecendo, aprendes que nada é impossível de solucionar, apenas segue em frente".

04/03/2014

45

A Declaração Universal dos Direitos Humanos

Falar de humanismo sem falar dos direitos Humanos é algo que nos é impossível, isso impõe que se recorde, as origens, não nos detendo com o Código de Hamurabi (1700 AEC), ou da lei Mosaicas contida na Toráh (Antigo Testamento), mas o marco principal do que podem ser considerados os primórdios dos modernos direitos humanos, são os que derivam da *Revolução Francesa*, e denominavam-se em 1789, por *Direitos do Homem e do Cidadão*, ilustrado na imagem ao lado, com a preconização da Liberdade, Igualdade e Fraternidade entre os homens, e nos exercício da plena cidadania; É destes Direitos do Homem que na Era Contemporânea, se moldou os Direitos Humanos na sua declaração feita na *Carta das Nações Unidas* em 20 de junho de 1945, logo a seguir à II Guerra Mundial, iniciando-se os trabalhos que se concluiriam três anos mais tarde.

Eis aqui na íntegra a DUDH - Declaração Universal dos Direitos Humanos, tendo sido adotada pelas Nações Unidas em 10 de dezembro de 1948.

No entanto, a sua existência não é por si só um garante potencial dos Direitos Humanos, sobretudo em países cujos modelos políticos recusam a democracia e a liberdade de expressão, sem falar das graves injustiças que sobre os povos de todo o Mundo se abatem, desde as guerras fratricidas e genocídios, movidas por divergências ideológicas, étnicas ou religiosas, mas também por interesses económicos.

Outro flagelo é a injustiça económica, que gera a miséria a milhões de pessoas em todo o mundo, bem como o racismo, a xenofobia, a exclusão social das mulheres, em várias partes do mundo em pleno século XXI, ou ainda o trabalho infantil, o desprezo pelos trabalhadores que vivem abaixo do limiar da pobreza.

Devemos falar ainda das graves atrocidades que ocorrem encobertas à sociedade, realizadas pelo crime organizado, e que grassam no Planeta inteiro devido à impunidade, que existe quer pela ineficácia das forças de segurança quer pela incapacidade de atuação da justiça, e um desses bárbaros crimes é sem dúvida o tráfico humano de mulheres em todo o Mundo, aliciadas para trabalhar nos países desenvolvidos como os EUA ou os países da Europa, acabando como escravas sexuais, e por vezes mortas.

Por fim, a violência sob todas as suas formas, que se é um grave e insistente entrave ao exercício dos direitos, da dignidade a que toda a pessoa humana necessita que lhe seja reconhecido e garantido, desde o ventre em que foi concebido.

Preâmbulo

Considerando que o reconhecimento da dignidade inerente a todos os membros da família humana e dos seus direitos iguais e inalienáveis constitui o fundamento da liberdade, da justiça e da paz no mundo.

Considerando que o desconhecimento e o desprezo dos direitos do homem conduziram a atos de barbárie que revoltam a consciência da Humanidade e que o advento de um mundo em que os seres humanos sejam livres de falar e de crer, libertos do terror e da miséria, foi proclamado como a mais alta inspiração do Homem.

Considerando que é essencial a proteção dos direitos do homem através de um regime de direito, para que o homem não seja compelido, em supremo recurso, à revolta contra a tirania e a opressão, bem como encorajar o desenvolvimento de relações amistosas entre as nações.

Considerando ainda a respetiva Carta, que os povos das Nações Unidas proclamam, de novo, a sua fé nos direitos fundamentais do Homem, na dignidade e no valor da pessoa humana, na igualdade de direitos dos homens e das mulheres e se declararam resolvidos a favorecer o progresso social e a instaurar melhores condições de vida dentro de uma liberdade mais ampla.

Considerando que os Estados membros se comprometeram a promover, em cooperação com a Organização das Nações Unidas, o respeito universal e efetivo dos direitos do homem e das liberdades fundamentais.

Considerando que uma conceção comum destes direitos e liberdades é da mais alta importância para dar plena satisfação a tal compromisso:

A Assembleia-geral proclama a presente Declaração Universal dos Direitos do Homem

Como ideal comum a atingir por todos os povos e todas as nações, a fim de que todos os indivíduos e todos os órgãos da sociedade, tendo-a constantemente no espírito, se esforcem, pelo ensino e pela educação, por desenvolver o respeito desses direitos e liberdades e por promover, por medidas progressivas de ordem nacional e internacional, o seu reconhecimento e a sua aplicação universais e efetivos tanto entre as populações dos próprios Estados membros como entre as dos territórios colocados sob a sua jurisdição.

Artigo 1º - Todos os seres humanos nascem livres e iguais em dignidade e em direitos. Dotados de razão e de consciência, devem agir uns para com os outros em espírito de fraternidade.

Artigo 2 - Todos os seres humanos podem invocar os direitos e as liberdades proclamados na presente Declaração, sem distinção alguma, nomeadamente de raça, de cor, de sexo, de língua, de religião, de opinião política ou outra, de origem nacional ou social, de fortuna, de nascimento ou de qualquer outra situação.

Além disso, não será feita nenhuma distinção fundada no estatuto político, jurídico ou internacional do país ou do território da naturalidade da pessoa, seja esse país ou território independente, sob tutela, autónomo ou sujeito a alguma limitação de soberania.

Artigo 3º - Todo o indivíduo tem direito à vida, à liberdade e à segurança pessoal.

Artigo 4º - Ninguém será mantido em escravatura ou em servidão; a escravatura e o trato dos escravos, sob todas as formas, são proibidos.

Artigo 5º - Ninguém será submetido a tortura nem a penas ou tratamentos cruéis, desumanos ou degradantes.

Artigo 6º - Todos os indivíduos têm direito ao reconhecimento, em todos os lugares, da sua personalidade jurídica.

Artigo 7º - Todos são iguais perante a lei e, sem distinção, têm direito a igual proteção da lei. Todos têm direito a proteção igual contra qualquer discriminação que viole a presente Declaração e contra qualquer incitamento a tal discriminação.

Artigo 8º - Toda a pessoa tem direito a recurso efetivo para as jurisdições nacionais competentes contra os atos que violem os direitos fundamentais reconhecidos pela Constituição ou pela lei.

Artigo 9º - Ninguém pode ser arbitrariamente preso, detido ou exilado.

Artigo 10º - Toda a pessoa tem direito, em plena igualdade, a que a sua causa seja equitativa e publicamente julgada por um tribunal independente e imparcial que decida dos seus direitos e obrigações ou das razões de qualquer acusação em matéria penal que contra ela seja deduzida.

Artigo 11º - 1. Toda a pessoa acusada de um ato delituoso presume-se inocente até que a sua culpabilidade fique legalmente provada no decurso de um processo público em que todas as garantias necessárias de defesa lhe sejam asseguradas.
2. Ninguém será condenado por ações ou omissões que, no momento da sua prática, não constituíam ato delituoso à face do direito interno ou internacional. Do mesmo modo, não será infligida pena mais grave do que a que era aplicável no momento em que o ato delituoso foi cometido.

Artigo 12º - Ninguém sofrerá intromissões arbitrárias na sua vida privada, na sua família, no seu domicílio ou na sua correspondência, nem ataques à sua honra e reputação. Contra tais intromissões ou ataques toda a pessoa tem direito a proteção da lei.

Artigo 13º - 1. Toda a pessoa tem o direito de livremente circular e escolher a sua residência no interior de um Estado.
2. Toda a pessoa tem o direito de abandonar o país em que se encontra, incluindo o seu, e o direito de regressar ao seu país.

Artigo 14º - 1. Toda a pessoa sujeita a perseguição tem o direito de procurar e de beneficiar de asilo em outros países.
2. Este direito não pode, porém, ser invocado no caso de processo realmente existente por crime de direito comum ou por atividades contrárias aos fins e aos princípios das Nações Unidas.

Artigo 15° - 1. Todo o indivíduo tem direito a ter uma nacionalidade.

2. Ninguém pode ser arbitrariamente privado da sua nacionalidade nem do direito de mudar de nacionalidade.

Artigo 16° - 1. A partir da idade núbil, o homem e a mulher têm o direito de casar e de constituir família, sem restrição alguma de raça, nacionalidade ou religião. Durante o casamento e na altura da sua dissolução, ambos têm direitos iguais.

2. O casamento não pode ser celebrado sem o livre e pleno consentimento dos futuros esposos.

3. A família é o elemento natural e fundamental da sociedade e tem direito à proteção desta e do Estado.

Artigo 17° - 1. Toda a pessoa, individual ou coletivamente, tem direito à propriedade.

2. Ninguém pode ser arbitrariamente privado da sua propriedade.

Artigo 18° - Toda a pessoa tem direito à liberdade de pensamento, de consciência e de religião; este direito implica a liberdade de mudar de religião ou de convicção, assim como a liberdade de manifestar a religião ou convicção, sozinho ou em comum, tanto em público como em privado, pelo ensino, pela prática, pelo culto e pelos ritos.

Artigo 19° - Todo o indivíduo tem direito à liberdade de opinião e de expressão, o que implica o direito de não ser inquietado pelas suas opiniões e o de procurar, receber e difundir, sem consideração de fronteiras, informações e ideias por qualquer meio de expressão.

Artigo 20° - 1. Toda a pessoa tem direito à liberdade de reunião e de associação pacífico.

2. Ninguém pode ser obrigado a fazer parte de uma associação.

Artigo 21º - 1. Toda a pessoa tem o direito de tomar parte na direção dos negócios, públicos do seu país, quer diretamente, quer por intermédio de representantes livremente escolhidos. 2. Toda a pessoa tem direito de acesso, em condições de igualdade, às funções públicas do seu país. 3. A vontade do povo é o fundamento da autoridade dos poderes públicos: e deve exprimir-se através de eleições honestas a realizar periodicamente por sufrágio universal e igual, com voto secreto ou segundo processo equivalente que salvaguarde a liberdade de voto.

Artigo 22º - Toda a pessoa, como membro da sociedade, tem direito à segurança social; e pode legitimamente exigir a satisfação dos direitos económicos, sociais e culturais indispensáveis, graças ao esforço nacional e à cooperação internacional, de harmonia com a organização e os recursos de cada país.

Artigo 23º - 1. Toda a pessoa tem direito ao trabalho, à livre escolha do trabalho, a condições equitativas e satisfatórias de trabalho e à proteção contra o desemprego. 2. Todos têm direito, sem discriminação alguma, a salário igual por trabalho igual. 3. Quem trabalha tem direito a uma remuneração equitativa e satisfatória, que lhe permita e à sua família uma existência conforme com a dignidade humana, e completada, se possível, por todos os outros meios de proteção social. 4. Toda a pessoa tem o direito de fundar com outras pessoas sindicatos e de se filiar em sindicatos para defesa dos seus interesses.

Artigo 24º - Toda a pessoa tem direito ao repouso e aos lazeres, especialmente, a uma limitação razoável da duração do trabalho e as férias periódicas pagas.

Artigo 25° - 1. Toda a pessoa tem direito a um nível de vida suficiente para lhe assegurar e à sua família a saúde e o bem-estar, principalmente quanto à alimentação, ao vestuário, ao alojamento, à assistência médica e ainda quanto aos serviços sociais necessários, e tem direito à segurança no desemprego, na doença, na invalidez, na viuvez, na velhice ou noutros casos de perda de meios de subsistência por circunstâncias independentes da sua vontade.

2. A maternidade e a infância têm direito a ajuda e a assistência especiais. Todas as crianças, nascidas dentro ou fora do matrimónio, gozam da mesma proteção social.

Artigo 26° - 1. Toda a pessoa tem direito à educação. A educação deve ser gratuita, pelo menos a correspondente ao ensino elementar fundamental. O ensino elementar é obrigatório. O ensino técnico e profissional dever ser generalizado; o acesso aos estudos superiores deve estar aberto a todos em plena igualdade, em função do seu mérito.

2. A educação deve visar à plena expansão da personalidade humana e ao reforço dos direitos do homem e das liberdades fundamentais e deve favorecer a compreensão, a tolerância e a amizade entre todas as nações e todos os grupos raciais ou religiosos, bem como o desenvolvimento das atividades das Nações Unidas para a manutenção da paz.

3. Aos pais pertence a prioridade do direito de escolher o género de educação a dar aos filhos.

Artigo 27° -. Toda a pessoa tem o direito de tomar parte livremente na vida cultural da comunidade, de fruir as artes e de participar no progresso científico e nos benefícios que deste resultam.

2. Todos têm direito à proteção dos interesses morais e materiais ligados a qualquer produção científica, literária ou artística da sua autoria.

Artigo 28° - Toda a pessoa tem direito a que reine, no plano social e no plano internacional, uma ordem capaz de tornar plenamente efetivos os direitos e as liberdades enunciadas na presente Declaração.

Artigo 29° - 1. O indivíduo tem deveres para com a comunidade, fora da qual não é possível o livre e pleno desenvolvimento da sua personalidade.

2. No exercício destes direitos e no gozo destas liberdades ninguém está sujeito senão às limitações estabelecidas pela lei com vista exclusivamente a promover o reconhecimento e o respeito dos direitos e liberdades dos outros e a fim de satisfazer as justas exigências da moral, da ordem pública e do bem-estar numa sociedade democrática.

3. Em caso algum estes direitos e liberdades poderão ser exercidos contrariamente aos fins e aos princípios das Nações Unidas.

Artigo 30° - Nenhuma disposição da presente Declaração pode ser interpretada de maneira a envolver para qualquer Estado, agrupamento ou indivíduo o direito de se entregar a alguma atividade ou de praticar algum ato destinado a destruir os direitos e liberdades aqui enunciados.

Sobre o autor

Filipe de Freitas Leal nasceu em Lisboa em 1964, viveu em São Paulo no Brasil de 1976 a 1992, ano em que regressou a Portugal, país onde concluiu os estudos sendo autodidata, apesar da paixão pela sociologia e a política, no entanto e já tarde, veio a formar-se em Serviço Social pelo Instituto Superior de Ciências Sociais e Políticas (ISCSP) da Universidade de Lisboa, tendo exercido o estágio e desenvolvido o seu trabalho de intervenção social, na Associação "*O Companheiro*", uma ONG fundada pelo Padre Dâmaso, Instituição sem fins lucrativos vocacionada para a reinserção de ex-reclusos e também no apoio a famílias em situação de vulnerabilidade social, tendo trabalhado nas valências de Cantina Social e Banco Alimentar.

É blogger desde 2007, fundou o "*Etcetera – O Blog Humanista*", voltado para as questões sociais, no debate de ideias, no qual, para além de escrever artigos sobre Direitos Humanos, solidariedade social, cultura entre outros, também é autor de outros dois blogs que se destinam ao apoio no estudo autodidático e temas filosófico-teológicos.

Aos 50 anos publicou os seus primeiros livros, como autor independente, primeiramente com "*Páginas soltas ao vento*" em 2015, coletânea de poemas e pensamentos que haviam já sido publicados no blog, para além do presente livro, publicou ainda em 2015, "*A Reinserção Social da Cariz Humanista*" e "*Textos e Perspetivas do Serviço Social*", em 2016 e 2017 publica respetivamente o "*Vocabulário Básico de Serviço Social*" e o seu mais recente livro, "*Ciência Política em 50 Lições*", atualmente, para além de continuar a escrever em novos projetos, dedica-se à formação e ao voluntariado em trabalho social.

Outros Títulos do Autor

COLEÇÃO de LIVROS

Etcetera

O BLOG HUMANISTA ● ● ●